十九世紀英國

Nineteenth-Century Britain: A Very Short Introduction

Nineteenth-Century Britain:
A Very Short Introduction

十九世紀英國

哈維、馬修 著

（Christopher Harvie and H. C. G. Matthew）

韓敏中 譯

OXFORD
UNIVERSITY PRESS

Oxford University Press is a department of the University of Oxford.
It furthers the University's objective of excellence in research, scholarship,
and education by publishing worldwide. Oxford is a registered trade mark of
Oxford University Press in the UK and in certain other countries

Published in Hong Kong by
Oxford University Press (China) Limited
39 Floor, One Kowloon, 1 Wang Yuen Street, Kowloon Bay,
Hong Kong

十九世紀英國

Christopher Harvie and H. C. G. Matthew 著

韓敏中 譯

ISBN: 978-019-083219-3

1 3 5 7 9 10 8 6 4 2

目錄

圖片鳴謝

The publisher and the author apologize for any errors or omissions in the above list. If contacted they will be pleased to rectify these at the earliest opportunity.

第一章
對革命的反思

　　1881年，牛津大學的青年歷史學者阿諾德·湯因比（Arnold Toynbee）就「工業革命」的話題作了系列講座，他在演講中將工業革命視作英國歷史中如同玫瑰戰爭似的一個明確的「時期」。這樣的提法很容易誤導，讓人輕易想到這是一個「雙重革命」的時期——在法國是政治革命，在英國則是工業革命。然而，攻陷巴士底獄是個顯而易見的「事實」，可工業化的影響卻是漸進的，相對的；其效果只有在事後反觀時才顯現出來。「革命」的觀念對英國人來說有點不知所云，他們聽見這個詞就不寒而慄，不像歐洲人能身臨其境地理解革命。事實上，是一位法國人、經濟學家阿道夫·布朗基（Adolphe Blanqui）在1827年時首先使用了革命這個比喻；1848年以後卡爾·馬克思（Karl Marx）則使革命的概念在歐洲流傳開來。

　　於是歷史學家的工作有些棘手，他必須比較衡量對現在有重要意義的事情和過去看重的事情。前者引導我們注意工業上的變革以及在不受關注的工場車間中出現的新的作業方法；後者則提醒我們，前工業時

代統治階級權力的衰落有多麼緩慢，而科學時代裏的宗教勢力又是多麼堅韌。只是到了1830年左右，人們才意識到發生了實質的和持久的工業變革；就連中產階級自身也還要再過20年才相信，工業化是好的轉變。

統計與社會背景

發生的變化難道不應有簡明的事實記錄嗎？在理論上說是這樣的。然而那個「事實至上」的年代始終處於變動之中，加之又特別注重個人主義，所以記錄發生的事情和對之作出評價就是另一回事了。直到1801年英國才開始官方的人口普查，而在這以前，有關英國人口究竟是增長了還是減少了一直就是個爭論不休的話題。雖然後來普查發展為涵蓋職業和住房狀況的非常成熟的社會分析工具，但是這個過程進展緩慢；同樣緩慢的是繪製全國地形圖的進程：1791年至19世紀60年代，全國地形測量局分幾個階段逐步進行了全國陸地地形的測量工作。普遍的「自由放任主義」意識和政府緊縮經費的政策都對統計數字的彙編造成負面影響，因為受到監管或是要納稅的貨品或者企業都減少了。(與此形成對照的是，歐洲大陸的獨裁政府卻熱衷於搜集它們國內工業企業的數據，雖然這些企業的發展規模都不算大。)就這樣，英國國內仍在激烈地爭論着一些最基本的問題，特別是工業化對廣大民眾有無裨益的話題。

在這一問題上，現代政治也投下了陰影。和湯因比同時代的人都同意馬克思的意見：及至1848年，資本主義工業化沒能改善勞工階級的狀況。1917年後，蘇維埃俄國似乎證明有另一種可行的選擇，即「有計劃的工業化」。但是蘇聯的做法在人的生活和自由方面所付出的代價很快就顯露出來；那些關注「發展中世界」的自由派經濟學家便重申通過自由市場的運作實現工業化的觀點。他們論證說，即使在過去的短時期內，在很難提供投資資源的情況下，英國資本主義也已做到既增加了投資又提高了人民生活水準。這場激烈的爭論沒有得出甚麼確定的結論；如考慮到英國的經濟發展對愛爾蘭、印度和美國南方諸州產生的直接的負面影響，那麼上述爭論的後果也僅限於一定的地理範圍之內。

思想意識

如果說統計和社會環境方面存在着問題，那麼意識的問題也同樣存在。工業化的概念直到19世紀20年代才產生。無論統治精英信奉甚麼樣的經濟學說，地方長官和土地擁有者的口號是穩定，他們的價值觀仍是前工業社會的。但是，1829年時，工業化的大勢突然明朗起來。就在珍·奧斯汀 (Jane Austen) 的最後一部小說問世才11年後，《愛丁堡評論》雜誌上一個粗嗓門的新聲音描述了「時代的徵兆」：「我們搬走大

山，把大海當成平坦的大道，甚麼也擋不住我們。我們征戰不開化的自然；我們的引擎所向披靡，我們總是滿載戰利品，得勝回朝。」托馬斯‧卡萊爾 (Thomas Carlyle)生動地、飽含感情地概括了當時令人目不暇接的一幕幕情景：沃爾特‧司各特爵士(Sir Walter Scott)在多部「威弗利」小說中曾描寫過的從英雄政治向經濟政治的轉型；羅伯特‧歐文(Robert Owen)那規劃有序的新拉納克工廠社區；走投無路的手搖紡機織工的空想政治；歐洲觀摩者流露出來的驚恐和訝異等等。幾個月後，卡萊爾的話在喬治‧斯蒂芬森的「火箭號」[1]中變成了鐵的事實。

　　但是，從諸如此類的形象中，我們是否能得出同我們、也同那個時代相關的、前後一致的一整套思想呢？對那個時代作出開拓性探索的喬‧馬‧揚(G. M. Young)在《時代肖像》(1936)一書中看出，「控制並激勵了行動者的是福音教規之不可估量的強制力，以及幾乎普遍的對進步的信念」。然而揚的歷史記錄的是「舉足輕重者的言談」，這在相當程度上是精英的歷史；它忽視了廣大的民眾——礦井和工廠的工人、

1　喬治‧斯蒂芬森(George Stephenson, 1781–1848)，鐵路機車的主要發明家，1825年設計出第一輛牽引載人列車的鐵軌機車(達靈頓至斯托克頓)，標誌鐵路運輸業的誕生；參與修築曼徹斯特至利物浦的鐵路(一般認為是英國的第一條鐵路)，1829年落成前，由他設計的新機車「火箭號」在機車比賽中以58公里的時速勝出。本書中所有的註釋均為譯者所加，下面不再另行說明。

圖1 「生活在消化不良恐懼之中的酒色之徒」。喬治四世，1792年時的威爾士親王，身邊全是他驕奢淫逸生活的物證——未清償的賭債（儘管在1787年，議會經投票決定用16.1萬英鎊幫他渡過難關），還有透過窗子可以看到的、他在倫敦的豪華住宅卡爾頓公館。這幅漫畫是英國最具才華和最不講情面的諷刺畫家詹姆斯·吉爾雷（1757–1815）的作品，其漫畫常以喬治四世為調侃對象。

愛爾蘭的農場僱工、倫敦的街頭流浪兒等，即便提到，也只是將他們當作「麻煩製造者」來看待。它缺乏列·托爾斯泰（Leo Tolstoy）在《戰爭與和平》中體現的那種極其犀利的洞察，即波瀾壯闊的事件起源於普通人所作的無數次個人的決定。在與托爾斯泰筆下的法國、俄國士兵同時代的英國人中，很少有人同意那些「舉足輕重的」決策者的看法：據我們所知，他們中間只有少數人走進過教堂，而從他們寫的和讀的東西來看，他們對進步幾乎不抱任何信念。然而，無論那些受到「後人極端輕慢」（monstrous condescension of posterity）的人的行動自由受到多大限制，他們的決定才是至關重要的。我們必須傾聽他們的言談。

法治

「後人極端輕慢」一語出自湯普森（E.P. Thompson）。他認為，一種持續性的解釋框架確實存在，那就是「法律」。無論司法的施行中存在多大的偏頗——18世紀常見赫然無情的司法不公——可「法治」仍被視為全體共有的制度。在工業化的衝擊下，這種對權利的要求仍然正當。1832年，年輕的議員麥考利（Thomas Babington Macaulay）主張進行政治改革以保護法治不受濫用權力的侵害：「被法律壓垮的人除了訴諸強力沒有別的希望。假如法律以他們為敵，那麼他們就會以法律為敵。」讓法律「收編」新的團

體，那麼這些人就會尊重國家體制。這一思想抵消了工業變革引發的「革命性」後果，化解了企圖從變化中創建新政治制度的多次嘗試。此外，法律法規的漸進式演變也為其他方面的社會政治變革提供了範型。1859年，在一次牛津的就職演說中，「上帝自然法則中那最美最妙的」部分變成了經濟學，不過也同樣可以是法學或是地質學。將法律與進步等同起來，就是將個人道德、技術革新、英國概念等等所有這些事物裹入進步的大潮，令一切順流而行。

對所有的階級而言，賄賂、無信仰、豪飲、淫蕩、賭博等舊時的道德品行，即使說不上是反社會，但也已漸漸被視作是陳規陋習。從蘇格蘭或法國傳過來的理性主義啟蒙思想，還有價格便宜的消費品，和「生命宗教」一樣，都表明人的壽命可以延長，人的生活可以過得更加精緻而高尚。佩皮斯曾把海軍部裏他下屬的妻子們看作是他合理享有的「額外福利」；但是同樣好色的詹姆斯・鮑斯韋爾卻為妻子和家庭深感苦惱。[2] 這預示着將有新的道德規範出現，無論那是由腐敗墮落的罪惡蓄奴制、普通大眾的騷動或法國

---

2 塞繆爾・佩皮斯(Samuel Pepys)是17世紀人，以日記著稱於世。他除了記錄如斯圖亞特王朝復辟、黑死病流行等親歷的大小事件外，還詳細記錄了自己的情色生活。塞繆爾・約翰遜的好友、為其作傳的鮑斯韋爾(James Boswell)則生活在18世紀後半葉，他因無法克制情欲，數次使妻子染上梅毒。詳見Lawrence Stone, *The Family, Sex and Marriage in England 1500–1800*, abridged ed. (New York: Harper, 1979) 340–379。

人催生，還是因天譴所致 —— 威廉·布萊克(William Blake)在其詩作中就動人心魄地表現了這種天譴。

必須拿出證據，證明現狀是否有所提高，有所改進。1839年，有英國遊客很吃驚地發現匈牙利人自己的水域上竟然沒有帆船，而他們的穆斯林鄰居卻在多瑙河上駕駛着三角帆船。無論這是甚麼原因造成的 —— 如出於保護槳手和騎手的利益，出於匈牙利貴族的自由運輸權，還是出於對一切土耳其事物的厭惡 —— 總之，那位遊客的態度很典型，將匈牙利人無航船當作一個實例，說明有「罪惡的利益集團」在阻撓改革和進步。

「進步」

「進步」和法治都不是必然而然的，只能在同國內「老的貪腐」和新的憤懣、國外的強大對手這些內外敵人的鬥爭中得到。進步的意思是道德成長，而不是經濟和政治的操作。克雷克夫人(Mrs Craik)的小說《約翰·哈利法克斯紳士》(1857)中的主人公就表現了這樣的價值觀：

> 能做的事他決不會擱在一邊，直到做好為止；他的經營事務安排得井井有條，每天的工作都當日完成。無論是作為地方長官和田產所有人，面對着每時每刻都在冒出來的無數小事，還是在有關時世走向這個自己有廣泛興趣的問題上，他都用同一種方法處理，從不

圖2　一家人，布拉澤霍爾的約翰・哈登作，1826年。哈登（1772–1847）
　　　是個有才氣的業餘畫家，在英格蘭湖區過着小康生活。湖區是那時
　　　英國著名的思想中心，威廉・華茲華斯、托馬斯・德・昆西、拉格
　　　比學校的托馬斯・阿諾德等都比鄰而居。哈登的畫作傳達出「英國
　　　的比德邁式」[1]的中產階級生活的細緻感覺。

1　比德邁（Biedermeier），19世紀初期德國中產階級家庭流行的傢具式樣
　　和室內裝潢，因「比德邁」（幾位詩人的託名）發表的諷刺德國中產生
　　活的詩作得名，被用於指稱中產階級缺乏想像力和靈感的平庸生活，
　　意思和阿諾德所說的「非利士人」接近。

變更。在同外面世界的關係上，他就像在自己的小山谷中一樣，似乎決心「趁着白日做工」[3]。只要可能做到，他不會忽略任何一個請求，不允許一椿職責沒有完成，不讓任何的善得不到承認，不讓任何惡得不到補救，或至少不讓它得不到原諒。

法治是英國的傳統，然而法治作為一個「高效」政府的思想體系這一角色，在一定程度上卻是英國內部邊陲地區的發明創造。蘇格蘭人在努力使蘇格蘭地區擺脫落後狀態的時候，以自己獨特的法律制度為工具，用於鞏固土地資本，探索和組織「市民社會」。在愛丁堡，亞當・斯密（Adam Smith）、威廉・羅伯遜（William Robertson）、亞當・弗格森（Adam Ferguson）和大衛・休謨（David Hume）將經濟學、歷史學、社會學、哲學與法學交織起來，產生了蘇格蘭啟蒙運動的綜合性成就。將這些成就的價值傳到英格蘭去的是帕特里克・科爾克霍恩（Patrick Colquhoun）、詹姆斯・穆勒（James Mill）以及《愛丁堡評論》的一批撰稿人。愛爾蘭方面的貢獻則完全不同。教士長斯威夫特（Dean Swift）曾寫道，「法律設定天主教徒在愛爾蘭不得生存。」新教法律依照其釋義就只能是強制的法律。因此，1814年，愛爾蘭成為英國第一支國家警察部隊的

3　典出《聖經・新約・約翰福音》第9章第4節：耶穌說，「趁着白日，我們必須做那差我來者的工。」

成立地，也就不足為怪了。

　　法律戰促使蘇格蘭在1799年終止了礦工和制鹽工的農奴待遇，也讓英帝國在1807年廢止了奴隸貿易，然而蘇格蘭和英格蘭的佃農卻並未從法律對鄉村的「改善」中獲得甚麼利益。與以往相比法律現在更是有產者的工具，這一功能在面對歐洲的進犯威脅時倒是發揮了作用，使一個本來互不相干的社會中的地方統治者聯合了起來。宗族首領和領主曾於1745年聚集在法國支持的查爾斯‧愛德華(Charles Edward)[4] 的周圍，現在他們則成了與革命者不共戴天的地主。雅各賓黨對他們來說就像詹姆斯二世黨一樣，是異己族類。但是，接下來使用法律手段強行推進民族團結並保護經濟變革的做法，直接讓法律迎面遭遇最嚴峻的檢驗。

4　指小僭君，被光榮革命推翻的詹姆斯二世的孫子，其父是老僭君，1715年企圖復辟。追隨詹姆斯二世的子孫，圖謀復辟斯圖亞特王朝的人被稱為詹姆斯二世黨人。

第二章
工業的發展

　　1815年時，對於詹姆斯黨人在1745年集結穿行曼徹斯特、從而在倫敦引起大恐慌尚存記憶的老人，會強烈感到國際上的一個重要變化 —— 現在英國和法國的地位顛倒過來了。這不只是因為英國同法國打了20年仗，最終在滑鐵盧獲得了勝利，更是其工業持續發展和接管了許多重要市場的結果。英國封鎖法國的大海港，摧毀了那裏的經濟：波爾多的街道上長滿了荒草。而這個時期內，英國則贏得了20%左右的世界貿易量，以及一半的製造業產品的貿易份額。

英國和法國

　　工業的發展並非遵循着一條預先確定的、可預測的成功之路；其過程是緩慢的，帶有偶然性的。亞當·斯密曾經用懷疑的眼光看待工業；甚至在19世紀20年代，經濟學家仍無法確定技術能否改善普遍的生活水平。當然，在過去的一個世紀裏英國一直按1688年格雷戈里·金(Gregory King)的估算在發展，即採礦業、製造業和建築業的產值佔英格蘭和威爾士國民總

收入的五分之一(不列顛王國的數字要低一些,因為包括了經濟上落後的蘇格蘭和愛爾蘭)。到1800年時,對不列顛「製造業」產值數字的測算已經調整為國民收入的25%,而商貿和運輸業佔了23%。然而這樣的增長並沒有超出法國的能力。真正使英國勝出的是質的變化,尤其是市場運營方式、技術和政府干預等方面的質變,以及1800年時佔國民生產33%的資本主義農業。法國革命提高了農民的權益,卻滯緩了農業的發展,然而這個時期英國的封地契約文書卻已成為實在的土地所有權證明,這是對土地進行商業開發的關鍵。

1745年時,法國人口2,100萬,是英國的兩倍。在王室的庇護和國家的控制下,法國的經濟不僅產量巨大,而且技術翻新和發展之迅速,與英國都不相上下。然而英國的技術發展受到新需求的驅動,可在法國,技術發展不僅受到政府干預的掣肘,更因傳統資源的豐富而缺乏推動力。法國仍在採伐大量木材製成木炭,英國的鐵廠主卻不得不轉用煤炭。法國有着與農耕作業一體化的龐大毛紡業;在英國,圈地[1] 和農業生產效率的提高限制了國內同類產業的發展,卻促進了新型的、需要利用水動力和蒸汽動力進行系統化生產的大工廠的興建。最重要的是,到了18世紀70年

---

1 指英國歷史上將無地界標誌的可耕地和社區公地轉為私有土地的過程。1760–1800年間,為改變田地條塊狀,所有權複雜,不利於提高農業生產率的情況而申請圈地並獲得議會批准的達1,944件,大大超過18世紀上半葉。

代，英國已經在貿易戰中佔了上風，將法國趕出了西班牙的屬地、印度和加拿大──甚至丟了北美殖民地的損失也很快在興旺的棉花貿易中得到了補償。

人口

1801年，第一次官方人口普查表明，英格蘭人口830萬，蘇格蘭163萬，威爾士58.7萬，愛爾蘭522萬。關於人口數字的爭論塵埃落定：自1750年以來，人口增長似乎達25%，增長率比歐洲平均值高出50%。但有關導致人口增長的原因的爭議則仍在繼續。1750年以前，死亡率已經有所下降(因為食品供應和衛生條件改善了，流行性傳染病的殺傷力減弱了)，繼而又反映在出生率的增長上，因為有更多的兒童存活下來，到達了生育年齡。

在不列顛，呈上升勢頭的製造活動以及家庭農場的消逝，使兒童成為有價值的收入來源。「去吧，小伙子們，生孩子去，」農業作家阿瑟‧揚(Arthur Young)如此勸導說，「孩子比以往任何時候都值錢」。在愛爾蘭，人口則以一種不同的波狀方式上升。地主想獲得更高的土地收益，18世紀20年代以來的土豆栽培使一塊地的營養產出增加三倍，於是地主意識到，在更多的農場上有更多的人耕種就意味着每英畝地可生產出是原先三倍的收益。結果是1780至1831年的50年間，人口翻了一番：

人口（單位：百萬）

	1780 （估計數）	1801	1831	1851
英格蘭	7.1	8.30	13.1	16.92
威爾士	0.43	0.59	0.91	1.06
蘇格蘭	1.4	1.63	2.37	2.90
愛爾蘭	4.05	5.22	7.77	6.51
聯合王國總數	12.98	15.74	24.15	27.39
英格蘭（佔%）	54.7%	52.7%	54.2%	61.8%

　　據最近的一種分析計算顯示，在19世紀初期，英國的農業產量是法國的2.5倍多，而法國農業本身就已經比歐洲其他地方效率高得多。結果就是，一個不斷從鄉村流向城鎮並且還在不斷增長的人口能夠有飯吃。1801年，不列顛本土上有30%的人居住在城鎮，21%生活在超過一萬人的城鎮——這個比例比任何一個北歐國家都高得多。但是在這個數字中，工業城鎮還不足四分之一，居民人數也不及生活在海港城市、有造船業的城鎮和地區都城的人數多。倫敦在當時已是獨一無二的大都市，人口有110萬，佔全部城鎮人口的三分之一還多。

　　從別的方面說，人口仍呈比較平均的分佈態勢。郡縣居民的絕對數字繼續增長，「凱爾特外圍」仍佔聯合王國將近一半的人口（45%）：大城市中，都柏林（16.5萬）和愛丁堡（8.3萬）仍緊隨倫敦之後；科克和利默里克[2]的規模仍大於大多數工業城鎮。這些地區中心

2　分別為愛爾蘭西南和南方海港，現都是郡級市。

的複雜結構反映出當地士紳、神職人員、農場主和高級職業人士在社會中有重大影響力，這是幾十年來商貿活動持續增長的結果。

商業與流通

英國經濟的特色仍是商貿業而非工業。歐洲大陸的城鎮受到嚴格的監控——或者對之監管剛剛有所鬆動，商貿規模有限，還有複雜的稅制層層盤剝。為了防止「外邦人」進入自己的市場，德意志小城市中那些中世紀的城門一到黃昏就緊緊關閉。然而英國的情形恰恰相反，國內貿易幾乎沒有任何障礙，而崇尚「重商主義」的政府一直積極鼓勵「通過對外貿易」獲取「財寶」。18世紀時英國發生了重大變化。英吉利海峽的戰事似乎一直不斷，以馬恩島為據點的大規模走私產生巨大吸引力，這些都使商貿通道向北轉移。利物浦靠糧食和奴隸買賣及後來的棉花和棉製品交易而興旺起來；格拉斯哥靠煙草、亞麻以及後來的棉花交易和工程技術而發達。然而它們曾經的貿易中心地位卻在漸漸地改變，因為從它們那裏開闢了連接後方貿易區的高效交通運輸紐帶，而製造業則極大地改變了後方地區的面貌。

商貿和貨品流通提供了工業化最重要的推動力。沒有任何一個歐洲國家有30%的人口住在城鎮，有飯吃，有衣穿，可取暖，或是掌握着如此龐大的海外市

場。英國的商人通過一些機制來駕馭所有這些事務。法律雖然不見得鼓勵，卻也允許商人建立這樣的機制，它們提供了一種運作架構，使生產率的提高能轉化為利潤、信貸和進一步的投資。國內「體面階級」的隊伍在壯大，為服裝、餐具、建材和瓷器提供了市場；1750–1800年間，諸如此類的「內」需上升了42%左右。而同期出口產業的增長則超過了200%，其中最大的增長發生在1780年以後。

煤炭、鐵和紡織品

除了農業，英國還有三大產業部門：煤、鐵和紡織業。前兩者提供了大量的資本設備、基礎設施和未來發展的選擇權；但紡織品在1750年時佔出口總值的50%以上，而到1800年時已經超過60%。棉織品在1750年還微不足道，可是1810年時已經佔了39%的份額。煤炭產量在18世紀下半葉翻了一番，這是因為蒸汽泵使更深的、產量更高的礦層得以開採，而畜力牽引的鐵軌車輛則能跑越來越遠的距離，將煤拉到水運碼頭。戰爭的需求、使用煤而非木炭進行熔煉、18世紀80年代攪煉和軋製鍛鐵方法的完善，凡此種種都刺激了鐵生產，1788至1806年間鐵的產量增長了200%。但是，紡織業才是那牽引着工業化的滑翔機飛上天空的動力。

毛織品一向是英國的特產；當然，在政府的支持

圖3　戴維・威爾基爵士作，《愛爾蘭的威士忌酒廠》，1840年。這是
　　　用浪漫的眼光看到的大饑荒之前愛爾蘭的鄉村社會場景；具有諷刺
　　　意味的是，那個時期正經歷馬修神甫發動的愛爾蘭最大的反烈酒運
　　　動。注意畫面中身體健康的農民和放置在左下角的土豆。

幫助下，亞麻製品這種原先歐洲大陸的優勢產業也正在愛爾蘭和蘇格蘭發展起來。棉織品的上升勢頭一來得益於其容易適應機器生產，二來也因為美國南方種植園的蓄奴制能夠滿足激增的棉花原料需求量。新的機器還十分粗糙，但是對機器需求的上升說明勞工抵制機器的問題已經解決。

18世紀30年代，當約翰·凱（John Kay）想推出他發明的（使織工產量翻倍的）飛梭織機時，機器被搗毀了；到了70年代，不僅凱的機器被重新推出，詹姆斯·哈格里夫斯（James Hargreaves）的手動詹妮紡紗機（一種多紡錘的紡車）和理查德·阿克賴特（Richard Arkwright）的水動紡紗機也一起問世。這最後一種連同容納細紗精紡機所必需有的大廠房從德比郡的河谷向蘭開夏郡和蘇格蘭一路鋪排過去。在競爭迫使價格下降之前（1784–1832年之間降幅達三分之二），業者可以賺到大錢。阿克賴特精明地利用自己的專利權，賺了20萬英鎊，還得到了準男爵的爵位。托利黨未來首相的父親羅伯特·皮爾爵士（Sir Robert Peel）靠棉布印花起家，最終竟僱用了1.5萬名印染工。據羅伯特·歐文的估算，1799至1829年間，他的新拉納克紗廠在回報5%的紅利之後，還為他和合夥人淨賺了30萬鎊的利潤。有20年左右的時間，即便使用手搖紡織機的織工也能掙得一份殷實的財富。後來引進了機械動力織機，愛爾蘭移民充斥勞動力市場，1815年後，退役軍

人也加入了勞動力大軍。這些都使織工的境遇成為那個時代最觸目驚心的一幕悲劇。

製造工程和蒸汽動力

　　棉紡技術向其他織品行業延伸——很快傳到約克郡的精紡毛紗業，也慢慢影響了亞麻和毛織品業。它還推動了機器製造工藝和金屬結構建造業的發展和改進。要帶動數千個錠子，就必須製造出強大而牢靠的機器；廠房——換種說法就是火藥筒——必須安裝金屬柱子和金屬托樑以達到防火效果。1770年時，阿克賴特使用水車匠和鐘錶匠在克勞姆弗德為他安裝木製的機器。然而，隨着功率達150馬力的水車、複雜的走錠精紡機(一種結合了多錠紡紗機和細紗精紡機的動力型紡機，可紡出「支數」很高的細紗)的問世，隨着蒸汽動力的推廣使用，廠房設計和機器製造也很快變成了專門化的作業。

　　1774年和1781年，詹姆斯・瓦特(James Watt)發明的分離式冷凝器蒸汽機和旋轉軸蒸汽機分別獲得專利。1800年以前，使用蒸汽機的主要是棉紡廠，因為它能為走錠精紡機提供可靠的持續的動力。從蒸汽機方面來說，其製造所需的技術越來越高級、成熟，也促使它得到更為廣泛的應用——水上運輸和機車分別從1802年和1804年開始使用蒸汽機。不但如此，技術的成熟還帶動了機床工業的發展，尤其是與亨利・

莫茲利(Henry Maudslay)和他發明的螺紋切削車床相關的產業。這種車床(及其相關發明「千分尺」)使得機器可以加工出極為精密的零部件。從那時起,機器便可複製自身,並被構造得越來越複雜。達到18世紀鐘錶匠的生產水平不再是需要付出高昂的代價才能學到的技能,它已成了機械工程學中的常識。

交通運輸

交通基礎設施的建設也迎來了土木工程的黃金時代,詹姆斯·布林德利(James Brindley)、約翰·斯米頓(John Smeaton)、托馬斯·特爾福特(Thomas Telford)、約翰·倫尼(John Rennie)等工程師都在探索如何盡可能高效地利用水運和畜力運輸。相應地,在更好地利用風力的探索中,帆船變得如此精美完善,乃至在19世紀80年代以前,它們仍保持着與汽船競爭的能力。至於國內的道路,則由收費公路聯合託管團體、甚至是政府出面,負責維修和管理狀況糟糕的道路,有時是興修全新的道路。1745年從倫敦到愛丁堡要走將近兩個星期,1796年時需兩天半,而1830年時,乘坐公共馬車或汽船的話,36小時就夠了。

憑藉17世紀河流航運穩步增長的勢頭,18世紀30年代愛爾蘭開鑿了使用多道船閘的「死水」運河。然而,真正表明水運對於工業增長的重要意義的,是布里奇沃特公爵(Duke of Bridgewater)的計劃。1760-1771

年，按公爵的計劃，地方上的一片煤田與曼徹斯特連接起來，後來曼徹斯特又和利物浦連接起來。[3] 布里奇沃特的工程師布林德利設計出「窄」運河，可以在「乾旱」的中部地區防止河水流失。[4] 在1764–1772年的和平日子裏，由英國的士紳、大商人、製造業者和銀行家組成的許多公司團體將英國所有的大河流航道都通過運河連接起來了。這類私人商業機構的紅利收益，如牛津運河，可達30%，但一般也就是8%。80年代又掀起一波興建水上交通系統的高潮，從商業上看，這已經超出了適宜性範疇，但是英國卻也擁有了歐洲其他國家無法與之相比的交通運輸網，而在興建交通過程中，農業和工業界的「改良人士」的團結克服了進一步合作的許多障礙。

3　布里奇沃特公爵在其沃斯利莊園有煤礦，他聘用布林德利於1761年建成16公里長、深入煤田、連接其與曼徹斯特的運河，使曼城的煤價降低一半，後又延長48公里，使曼徹斯特和出海口利物浦通過運河連接起來。

4　布林德利自學成功，在大興水路交通的18世紀後期，他負責設計了英國幾乎全部的運河，做到因地制宜，形式多樣，有許多發明創造，在隧道、高架橋等方面都有貢獻。在「窄」運河上只能運行窄體船（尺寸見地圖1的說明）。後來出現鐵路等現代交通工具，水系日漸衰落，許多運河堵塞。如今運河體現出英國的歷史文化價值，重新得到保護，也成為觀光旅遊的去處。

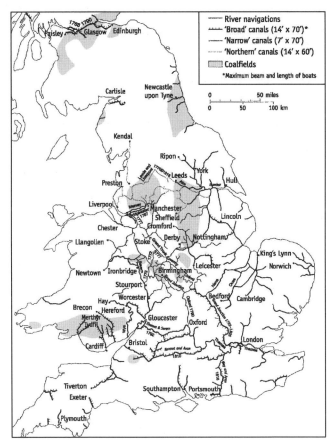

地圖1　19世紀初期的運河體系

第三章
改革和宗教

舊英國政府在工業化過程中沒有扮演，或者並不想扮演積極的角色。正如後來1815年的穀物法表明的那樣，它並不為了「自由放任主義」的利益而放棄作為。然而，政府越來越奉行一些大體上說是系統的原則，和對待其他階級相比，這些原則對工業資本家並非十分不利——當然，其他階級並不包括土地擁有者，後者通常自身就是投資礦山、交通和不動產開發的資本家。威廉‧布萊克斯通(William Blackstone)和埃德蒙‧伯克(Edmund Burke)的定理就是：連續性、權力分割、政府、經濟和社會互相滲透，更重要的是有關政府是自我調節機制的觀念。這些定理對古典經濟學、科學發現、甚至上等階級精心培植的自然神論都是完美的補充。

改革

但是理念需要更新。腐敗和低效已經在美洲戰爭中造成了慘痛的損失。雖然聚眾暴動的情景——尤其是1780年的戈登暴動——使有名望的改革者變得更加

審慎，改革卻仍是不爭的緊迫需要。亞當‧斯密和衛斯理[1]就曾以不同的方式確認了改革的必要性。問題在於，如何在憲政體制的範圍之內進行改革？諸如「協會運動」[2]之類的旨在使政治策略變得更富有原則性和規整性的種種嘗試，只不過揭示出「利益」的盤根錯節和一目了然的腐敗。在蘇格蘭「廣袤的衰敗選區」中，僅4,000來個選民卻要選出45個官職議員[3]（114人中僅一人有選舉權，英格蘭是7人中1人有選舉權），而且這些選區還從其「當家人」鄧達斯家族那裏得到肥差，尤其是被派往東印度公司和海軍部。1782年以後，天主教徒仍然不能投票給愛爾蘭的「自由」教會。

由於政治權力分配的極大不公，製造業大城鎮的意見不得不通過「製造業者總理事會」這樣的壓力集團得到表達。1801年，70萬人的約克郡只能有2名郡議員和26名選區議員，而18.8萬人的康沃爾卻能推選2名郡議員和42名選區議員。[4]雖說1793年以後，已經允許

1　約翰‧衛斯理(John Wesley)，18世紀英國宗教改革者，創立衛斯理宗，亦稱循道宗或衛理公會，在英美均有相當影響。

2　旨在促成政治改革，尤其是選舉改革的協會，如18世紀60年代末組織的權利法案支持者協會，90年代查爾斯‧格雷組織的人民之友協會等。

3　按18世紀慣例，官員可以選為議員，當上議員後也能謀到官職，在選舉人和被選舉人的地方勢力之間，議會選舉和官職委派之間，存在着重重的金錢利害關係。

4　英國議會中的下院(也稱平民院)由各地推選出的代表組成，名額分配是固定的：每個郡有兩名郡議員，其身份應是有爵士銜的準男爵和爵士，即貴族制度中不能參加上院議事的下等貴族(故郡議員的英文名

不信奉英國國教的人和天主教徒參加投票選舉，但他們仍沒有當選議員的資格。另一方面，政治的影響微乎其微，而欲躋身其中的代價又如此昂貴，所以對有些人來說，被排除在外倒實在是幸事了。如貴格會，雖然他們的總人數減少了，但教會內部繁複的家族關係(與非本教派的人結婚者是不可能繼續留在貴格會的)則大大鞏固了他們在工商界的地位，他們的經營從鐵和鉛的冶煉廠到銀行和鐵路，跨了許多行業。思想開明的、認為「最多只相信一個上帝」的唯一神教派的教徒，則成為活躍在地方科教啟蒙事業中的領軍人物。

福音教派的復興

　　福音教派的復興有些不同。福音教在歷史上屬持平民主義的傳統的高教會派，其精神啟示來自以約翰·班揚(John Bunyan)為典範的、後來由約翰·衛斯理廣為傳播的17世紀宗教遺產，它也從威廉·勞(William Law)等作家的虔信文學傳統中汲取了靈感。福音教教義不同於舊時的不從正教者的教義，也不同於加爾文宗的「上帝揀選」[5]；它強調，只要按照聖經

　　　稱為knights of the shire)，每個選區，即有資格向下院選送代表的市鎮(borough)，可推選兩名。19世紀初，英國的社會經濟結構和人口版圖都已經發生了很大變化，但代議制的構成卻仍採取幾百年沿用的定式，對國家經濟生活影響最大的人群得不到代表，引發了尖銳的矛盾。

5　這裏應該指英國宗教改革時期的「清教」以及對清教徒產生巨大影響

的訓導生活，人就有可能獲得神的恩寵。福音教令人尊敬，它既不排外、也不提倡大一統，更不四處播撒「熱情」（許多後來從不可知論和高教會派立場對其進行最為嚴厲的批評的人，最初就是虔誠的福音教信徒）。這是危機中的信仰，面對無神論革命、無情的勞資關係、無人道的個人行徑等等的衝擊，福音教不失為有效的辦法。威廉·皮特(William Pitt)酗酒，查爾斯·詹姆斯·福克斯(Charles James Fox)好賭，但兩人對身居高位的福音教人士施加的壓力都很敏感，受到了影響。[6]

循道宗

福音教復興運動在政治上是保守的，但它很快就走上了特殊的發展軌道。1795年，由衛斯理創立的「循道宗」正式與英國國教分裂，因為循道教徒無法再接受傳統的神職授予方式。他們仍是托利黨派的，但後來又分出來的一些循道宗派變得更加獨立和激

的加爾文的思想，如上帝有揀選並賜予靈魂得救升天的絕對權力，人是否得救完全是先定的，人不可能通過自身的努力和行善爭取到神的恩寵，等等。清教中最激進的派別脫離了國教，如後來乘坐「五月花」去美洲，建立普利茅斯殖民地的人，但是也有留在正教內的，如稍後建立馬薩諸塞灣殖民地的清教徒。

6　二人均為18世紀末英國政治家，皮特曾兩度任英國首相，福克斯是下院領袖，在廢除奴隸貿易等改革中起重要作用。關於英國上層的福音教徒及其改革活動，可參看第四章「邊沁主義者」中對克拉珀姆派的描述。

進，如「原始循道派」(1811年退出國教)。循道會屬北方，是「約克郡真正的宗教」；在其他地區，浸禮會和公理會在工業城鎮擴張勢力，而這些地方的上層通常都是唯一神教和貴格會的信徒。在《費力克斯・霍爾特》這部關於1832年的「政治小說」中，喬治・艾略特(George Eliot)這樣描寫不從國教派新教徒的價值觀：

> 這裏的人都不相信「舊時的英國」要多好有多好。這裏許許多多男女都明白，他們的宗教和他們統治者的宗教不太一樣，這麼說來管人的興許比他們好一點，要是真的比他們好，說不定就可以讓許多事情改一改了，那些事情把這個世界搞得好像更讓人苦不堪言了，當然也更加罪孽深重了。

「生命宗教」在威爾士成就了一場宗教革命。1800年時，威爾士80%以上的人仍追隨國教。18世紀中葉，在國教的傳教努力下建立的「流動學校」提高了(威爾士語)讀寫能力，也培植起國教最終無法再支持的宗教熱情。於是，傾向加爾文教的循道宗和形形色色的非國教宗派就流入了這個真空地帶。到了1851年，威爾士已有80%的人去禮拜堂[7]。

在蘇格蘭，長老會是確立的正教。長老會掌控教

7　指80%的人都在非英國國教的教堂(chapels)聽佈道，即他們不再是國教信徒。

育、濟貧，實際上還是二級立法機構。由土地擁有者及其世俗的、自由開放的教牧人員掌管的教會不僅日益受到來自獨立派長老會的攻擊，還受到那些欲將權力交給會眾的福音信徒的嚴厲批評。在愛爾蘭，不從國教的傳統開始時有自由主義傾向，其領袖人物將自己法律上的不利地位同天主教教徒的遭遇相比。但是18世紀90年代發生的事件，以及福音基要主義的再起，最終大大加深了信奉新教的東北部與其他地方的分裂。

第四章
海外戰爭

英國對法國革命普遍抱着熱情的態度。革命搞得再糟，也會削弱老對頭的力量；搞好了，則會創立又一個君主立憲國家。查爾斯·詹姆斯·福克斯，詹姆斯·瓦特，約瑟夫·普里斯特利(Joseph Priestley)，年輕的威廉·華茲華斯(William Wordsworth)，還有塞繆爾·泰勒·柯爾律治(Samuel Tayor Colerige)都盛讚法國革命；羅伯特·彭斯(Robert Burns)受到鼓舞，寫下《蘇格蘭人》，詩篇有明顯的現實意義。[1]在革命看上去仍然像溫和的憲政運動時，甚至英國政府也不急於呼應伯克的那篇嚴厲責難的《法國革命隨想錄》（1790年11月發表）。但不管怎麼說，伯克表達了英國建制的感覺，特別是在1791年6月巴黎突然變得左傾時：那就是，一旦打破遵從的習俗，暴力將橫行。改革只應在保留基本政治架構的條件下進行。伯克攻擊法國，也生動形象地體現出布萊克斯通對英國政治體制的辯護。從英國去美國的激進主義者托馬斯·潘恩(Thomas

---

1　"Scots Wha Hae"是彭斯著名的愛國主義詩歌，用13–14世紀蘇格蘭民族英雄的抗英事蹟影射時事。

Paine）發表了《人的權利》（1791–1792年），回應伯克的批評，提出大膽的個人主義民主改革的意見；這時英國政府真的恐慌了。可能正是伯克本人引發了他努力想避免的事情。6個月內，《法國革命隨想錄》售出1.8萬冊，而《人的權利》卻售出20萬冊——這在一個半文盲的社會裏簡直令人難以置信。自從英國內戰以來，宣傳小冊子的出版還沒有出現過如此廣泛的接受面，產生過如此大的影響。

與法國交戰

令英國政府最恐慌的有兩件事：一是法國的「民族自決」觀念對低地英屬國[2]的影響，二是法國革命思想的蔓延。更有理由擔心的歐洲君主們於1792年夏天一改18世紀戰爭中恪守規則的打法，把法國人當成了必須射殺的瘋狗。法國則以人民十字軍、「全民武裝」的戰爭觀念回敬。英國的外交恐嚇引發了政治威脅：對法國的頻頻警告增強了巴黎某些樂觀的革命家對戰爭可能會導致英國出現革命的信心。1793年2月1日，法國宣戰了。

英國沒有準備好。軍隊只有4.5萬人，戰艦中只有不到一成能勉強出海。再者，這次戰爭和以往的英法

2　指荷蘭、比利時和盧森堡。光榮革命時，英國國會請新教的聯合省（荷蘭）都督、奧蘭治的威廉和妻子瑪麗·斯圖亞特一起統治英國，其他兩國也因歷史上與荷蘭的關係，一度由英國奧蘭治王室管治。

衝突很不同。新式的軍隊風氣，革命軍進攻的猛烈，法國新一代將領的幹練，所有這些都讓英國的盟軍從一開始就陷入困難。到1797年時，奧地利已經被擊垮出局，英國只得單獨抵擋波拿巴(Bonaparte)進攻英國的軍隊。

戰爭早期，英國政府有三項當務之急：入侵威脅、戰爭費用和對付國內紛爭。法國曾有三次企圖入侵英國，一次經由威爾士，兩次通過愛爾蘭。1797年法軍在威爾士西南的彭布魯克企圖登陸，但無人擁護。然而，1798年，在英國血腥鎮壓了長老會教徒和天主教徒的起義(可能有3萬人死去)之後，由安貝爾將軍(General Humbert)率領的一支軍隊在愛爾蘭西北部的梅奧登陸，後被迅速打退。英國政府希望通過建造圓形石堡加固海防線，啟用(防守家園的)國民軍以及將「國民軍法令」施行至蘇格蘭和愛爾蘭等多項措施，來防衛英國本土。所有這些事情都讓相關的非專職地方官[3]頭痛不已。及至1795年，光是付給盟軍的津貼就達數千萬之巨，捐稅激增，1799年後還包括了新發明的所得稅，每一英鎊收入課稅2先令(10便士)。至於對付內部的問題，政府對企圖同法國媾和或聯合的團體採取了斷然的打擊行動。1793至1794年，「皮特的恐怖統治」，加之地方上官員、實業家和愛國社團

3　原文part-time local officials，英國的歷史習俗一直是讓並未受過專門訓練的當地士紳貴族兼任司法和管理事務。

採取的各類行動，最終摧毀了許多激進組織。蘇格蘭的鎮壓行動尤其嚴酷。一口蘇格蘭腔的布萊克斯菲爾德勳爵(Lord Braxfield)用蘇格蘭式的詼諧，粗暴地不容置辯地捍衛着「有史以來最完美的政體」。

一位受到布萊克斯菲爾德迫害的人告訴他，耶穌也是改革者，他回答說，「他還真當個事兒嘞，還不是沒得好死。」他那譏諷語氣象徵着蘇格蘭啟蒙運動所代表的上層社會自由主義時代的終結。隨之而來的是30年差不多持續不斷的鎮壓，大權在握的就是皮特在蘇格蘭的律師盟友——鄧達斯家族。

在愛爾蘭，形勢的逆轉更為激烈。戰爭迫使皮特向愛爾蘭議會施加壓力，1793年時終於令後者授予天主教徒以選舉權，這是企圖將天主教徒從對「無神論」法國的熱情立場上拉回來的努力。然而，「愛爾蘭人聯合會」這個非宗派性質的激進主義組織[4]卻迅速發展起來。1798年，聯合會在烏爾斯特遭遇到極端新教組織奧蘭基社團[5]的抵制；對新教特權忿忿不平的天主教農民，又受了點有法國教育背景、滿懷革命理想的神甫的影響，他們發動的地方暴動也阻遏了聯合會的推進。在安貝爾登陸前夕，聯合會在愛爾蘭東部的

4 由受到英國聖公會排擠的新教長老會和受剝削壓迫的天主教徒組成，目的是在愛爾蘭成立共和國。

5 奧蘭基社團的前身是以光榮革命時的英國君主、新教派奧蘭治朝的威廉王命名的秘密組織，18世紀發展為北愛爾蘭、大不列顛以及英國自治領的全國性組織，有明確的捍衛新教的使命。

威克洛曾發動酷烈而短暫的起義，足以讓新教統治者明白自己的孤立地位。1800年，愛爾蘭統治階級效法1707年蘇格蘭人的做法，與英國達成了政治合併[6]。

戰爭後果

除了1801至1803年短暫的間歇期外，「海外戰爭」一直持續到1815年。這時，英國已經在戰爭上耗費了15億英鎊。可是戰爭的後果卻是模糊不清的，甚至說來奇怪，其影響也很有限。戰爭很快就從大眾的記憶中被抹去了。很長時間內英國都是個武裝軍營：國民軍持續徵兵，任何一個階段，全國成年男性中都有六分之一的人在服役。和法國相比，他們中只有很少數人參加過海外作戰，但許多人 —— 差不多有21萬人 —— 死去了。法國人口上升滯緩，1800到1850年期間，只有32%的增長，而英國同期人口增長達50%，看來戰爭對英國的影響不同，衝擊小些。然而從1805年以後，英國的海上霸權再也沒有被撼動；法國最有活力的部門都建立在通商口岸，英國的海上封鎖大大打擊了法國的產業界。

亞當·斯密曾寫道，在一些行業中，戰爭會誤報需求，造成「賣方市場」。事情果然就是這樣的。以

6　政治合併指的是議會的合併，1707年蘇格蘭議會併入英國，1801年愛爾蘭議會併入聯合王國議會，英國(議會)成為(the Parliament of)the United Kingdom of Great Britain and Ireland。「聯合會」的起義應指本節第三段提到的死去3萬人的那次行動。

煉鐵業來說，不僅中西部的傳統冶鐵基地仍很發達，就連蘇格蘭中部和南威爾士的煉鐵業也繁榮起來。1780至1820年間，東南威爾士的梅瑟蒂德菲爾市人口增長20倍，而它原先不過是一個未開發的偏遠小市鎮（遠歸遠，不可思議的是那裏居然也有運河交通）；它所在的地區，18世紀中葉時最大的城市卡馬森最多不過4,000人。紡織業本來就是英國的優勢，海上封鎖扼止了競爭對手，英國更是遙遙領先，甚至連法國軍隊的軍服都是英國生產的。至於造船業，查塔姆、次茅斯、德文波特等港市巨大的海軍造船廠繼續擴大規模，成為大生產的先驅。它們創造的大型戰艦得到顯著的改進；19世紀50年代，蒸汽動力的普遍應用無異於一場小革命。

事實上，海軍典型地反映出政府的許多問題。1797年，水兵的惡劣待遇引發了斯皮特海德嘩變和諾珥嘩變。嘩變並沒有甚麼政治企圖；參與嘩變的人儘管一肚子委屈不平，卻基本上仍然是愛國主義者。對他們的處理是恩威並施，其實對待組織良好的造軍艦工人的抗議也是既使用高壓，又作出一些讓步。其他領域，英國政府對企圖減輕勞工階級痛苦的種種努力態度含糊。1799年通過的結社法將工人聯合會視作革命社團，定為非法組織；政府還成功地阻擋了確立法定最低工資和恢復傳統勞資關係的努力，儘管這些提議得到了製造業者（主要是中小業者）的支持。諸如此

類的舉措，加上投資轉向政府公債以及貿易戰所引發的經濟衰退，那麼1790至1814年間平均實際工資沒有任何增長也就是必然的了。不過，18世紀90年代後，很多鄉村教區採用了相對寬鬆的濟貧方法，即所謂的斯品漢姆蘭制度[7]，維持了傳統的救濟權利，無疑有助於緩和尖銳的社會衝突。

國外後果

在戰爭期間，英國基本避免捲入歐洲事務，而寧願為它先後同各歐洲國家結成的這樣那樣的反法國革命勢力同盟和反拿破崙同盟支付津貼，這種做法其實就是採用改進了的18世紀戰爭的僱傭軍模式。1811至1814年英國出兵伊比利亞半島[8]，這時英國軍隊才在歐洲事務中發揮作用。然而，英國在其他地區斬獲頗豐：對印度的掌控加強；通過新加坡取得對荷屬馬來群島的實際統治地位；1795至1816年征服錫蘭；從荷蘭手中接管了南非，還將勢力插入埃及。英國還非正式地獲得了對中美和南美地區前西班牙殖民地的貿易霸權。

---

[7] 1795年由伯克郡的斯品漢姆蘭地方長官確立，即從教區地方稅中拿出一部分補貼貧困工人的措施。

[8] 指1808–1814年的半島戰爭，或稱西班牙獨立戰爭，在很大程度上導致拿破崙最終垮臺。拿破崙佔領葡萄牙、西班牙，1811年起又東進欲佔領俄國，此時英國軍隊在威靈頓率領下進軍西班牙，後威靈頓任半島戰爭統帥，一直到攻入法國，迫使拿破崙退出，讓西班牙國王復位。

圖4 1815年6月18日,滑鐵盧戰役中皮克頓將軍之死。畫面表現了前裝式「布朗‧貝斯」火槍時代中一絲不苟的步兵團正規作戰場面,訓練和紀律彌補了低效武器的不足。

英國在戰爭中獲勝，然而戰爭留給歐洲的是深深的法國烙印。拿破崙軍隊所到之處，無不留下（或由其對立面複製了）革命的法律、度量衡[9]和行政管理方式，尤其是革命的民族主義精神。英國版圖完全變了。1789年以前，英國是大陸大家庭的成員。大衛·休謨和亞當·斯密在巴黎就像在愛丁堡一樣自在，或許他們在巴黎感到比在倫敦更舒坦。1815年後，經濟發展吸引數以百計的外國人來英國參觀訪問，儘管如此，英國仍游離於歐洲大陸生活之外。

國內後果

戰爭和經濟不景氣使英國國內政治理念分裂，要麼擁護革命，要麼擁護現有制度。「皮特的恐怖統治」、愛國社團、「教會與國王」幫等等，都逼得早先司空見慣的民主思想家不是隱退，就是同愛爾蘭人或勞工階級等真正受壓的群體聯手。「雅各賓傳統」對於工業和經濟的變化也像以前對現行政府的種種「罪惡」一樣，變得十分敏感。在其名下集合着從無政府主義到宗教上的千禧年主義等一切散漫的不穩定的組織；在憲章主義出現之前，也包括憲章主義在內，「雅各賓傳統」一直是勞工運動的標識。

9　1795年起，法國正式採用米制，而米制又隨拿破崙的軍事行動帶到歐洲各地。英國則仍將在很長的歷史時期內繼續使用複雜的英式單位制。

邊沁主義者

然而，上層統治者沒有想到的是，其無情的實用主義，一味使用鎮壓手段鞏固國家權力，無視契約政治理念的做法，同樣在上層精英中引出了一個激進的對立面。威廉‧威爾伯福斯（William Wilberforce）和克拉珀姆派[10] 所奉行的福音主義旨在轉變上層統治階級；當然，具有同樣目的的還有傑里米‧邊沁（Jeremy Bentham）的那些反覆申述的計劃。邊沁是富裕的律師，他多少相信可以通過一套類似經濟原理的自明原則對社會加以治理。其中最容易掌握的就是「功利主義」，即社會行動的目標應該是產生「對最大多數人的最大好處」。邊沁本是一切「社會契約」理念的宿敵，他反對法國革命，努力遊說一屆又一屆的英國政府，希望它們能對自己的改革計劃產生興趣，尤其是司法和監獄改革。他取得的成果可能比自己看到的要多一些，但一次次的挫折將他推向了民主改革派；到1815年時，他已經贊成實行普選。

邊沁的門徒被稱為「哲理激進派」，提出體制改革與政治連續性結合的改革方案；1815年後，已有一群溫和的勞工階級領袖追隨其後，這時他們向統治者和勞工階級兩邊都提出自己的改革方案。從他們的設

10　克拉珀姆派（Clapham Sect）係英國政界的福音教改革派，其中不少是議員，主張廢除奴隸貿易和蓄奴制度，在現行制度內大力推進監獄改革等多項改革措施，自上而下奉行仁慈。威爾伯福斯為該派領袖。

想中衍生出中央集權的國家行動模式和公共干預理論。這兩點對19世紀後來的歷史進程始終發生着巨大影響。

邊沁的理論設想地方政府應在規模適當的地區內增收不動產稅和採取行政行動。地方政府會受到領薪水的稽查員的監管，後者對一個中央管委會負責。通過這些手段，「以往的貪腐」和流行的肆意揮霍現象應能得到遏制，而地方的職責則仍然可以保留下去。然而，事實上還是官員說了算。邊沁及其門徒穆勒父子和埃德溫‧查德威克(Edwin Chadwick)可能已經倒向民主一邊，但他們並不情願讓民眾代表做更多的事情，至多是可以否決官員的行動。他們只是在英屬印度才取得最耀眼的成就也就不足為怪了。

法律

司法已經演化為一種階級鬥爭模式。本來習慣於自己在法庭上爭傷殘補貼的勞工現在失去了傳統權利，他們的獨立行動受到了制約。有產階級驚惶失措，致使本來一直疲軟的處罰條款變得強硬而有約束力。「英國工人階級的形成」至少在一定程度上是對戰爭、工業化和壓迫之合力所作出的反應，意味着他們對不公正法律的反抗。威廉‧科貝特(William Cobbett)對於「那玩意兒」—— 富人們結成秘而不宣的同盟，對窮人進行敲骨吸髓般的壓榨 —— 不存甚麼

敬意；羅伯特·歐文視若無睹，置若罔聞。甚至邊沁派的人也認為司法部門是「巨大的邪惡利益集團」。雖然最終只有愛爾蘭人真正挺身而出同它鬥爭，然而法治的勝利就像滑鐵盧，只是「千鈞一髮的慘勝而已」[11]。其成功可能只是因為公眾對之期盼已久，竟至等到了又一波憲政改革浪潮的興起。

---

11 原文是a damned close-run thing。這是威靈頓公爵在滑鐵盧戰爭勝利後說的話，有兩軍其實旗鼓相當，難分上下，勝敗僅隔一線，勝者贏得艱苦、勉強，敗者亦榮，偶然因素起作用等複雜意味。

第五章
通向自由之路

英國人，何苦為地主耕植，

他們把你們當牛馬來驅使？

何苦辛勤地、細心地織造──

為你們的暴君織造錦袍？

……

還是鑽進你們的地窖和破屋去；

你們造的樓廈別人在安居。

何必掙脫你們自己鑄的鐵鍊？

看，你們煉的鋼對你們瞪着眼。

雪萊，《給英國老百姓之歌》[1]

　　1815年後，戰後的托利政府遭遇到一批新的文學激進分子。柯爾律治和華茲華斯已經被拉入既定秩序的懷抱，接替了他們的是拜倫勳爵(Lord Byron)和珀西·比希·雪萊(Percy Bysshe Shelley)。1812至1827年間利物浦勳爵(Lord Liverpool)的政府事實上是中產階

1　楊熙齡譯，《雪萊抒情詩選》，上海譯文出版社，1981年，第75、77頁。此處有個別改動。

級當政，其成員有小鄉紳、醫生和商人之子，甚至(在喬治‧坎寧George Canning的班子裏)還有女藝人。雖然政府被指責為反動派 —— 有些內閣成員也確實如此 —— 它仍然緊張地保持着中間偏右的立場。對外，它採取自由政策(以王政復辟時期的歐洲標準看)，對內則妥協調和。然而，戰爭債務需要償還，復員軍人需要安置，此外，政府還繼承了可怕的戰後衰退，極度緊張的勞資關係。其反對派能幹的輝格黨不但不幫忙，還通過新的文學評論對它大張撻伐。再者，從亨利‧赫瑟林頓(Henry Hetherington)和理查德‧卡萊爾(Richard Carlile)的「地下」報紙[2]，到威廉‧科貝特那堅持鄉村理想的激進主義，還有在威廉‧布萊克的幻視中的千禧年景象，可以說英國深厚的民間抗議文化也讓政府的日子不好過。土地所有者對政府施加壓力，並終於在1815年的穀物法中如願以償地維持了糧食補貼。在十多年時間裏，這個法案可能平息了種田農民的不滿情緒；但一切都是有代價的。和1811至1812年相比，現在對秩序的威脅更是來自新興工業城鎮：戰後繁榮的結束造成大量的失業和大幅度的降

2　原文為'unstamped' newspapers，意思是未加印花稅戳的。英國從18世紀初就通過納印花稅蓋戳的方式控制思想言論。反對印花稅法的始終大有人在，印花稅事件還直接導致美洲殖民地的獨立戰爭。報紙不納印花稅，自己印刷，發行，就相當於我們現在所說的非法刊物或地下刊物；按當時的英國法律，「未蓋戳」的刊物被發現的話，出版者、出售者、閱讀者都會以犯法論處受到監禁。

薪。1800年後，勞工們與其說有階級認同感，不如說他們越來越尖銳地意識到自己在工業行業中的地位；地方政府官員、製造業者和治安官深深感到孤立。

倫敦和地方

官員、製造業主和治安官等士紳們經常表露出對於雅各賓派暴民圍在自己的門前大吼大叫這種景象的恐懼情緒；有些勞工階級的領袖也明確表示了革命的思想；那麼這些因素綜合起來是否真正造成了（事實上也差點造成）推翻政權的威脅？假如所有的行動得到協調，假如有一種共同的經濟目標將產業工人同議會中的激進分子和首都的專門技術行業聯結起來，假如統治階級真的嚇破了膽，那麼推翻政權的可能性是存在的。不過，這一切都很難做到。倫敦並非像巴黎那樣，是「絕對」的中心城市；即使倫敦的激進人士能大規模發動群眾，他們也缺乏可以抓住的有力的權力工具。

倫敦和地方上步調不一。議會反對黨不贊成使用暴力，抨擊暴力手段。內政部長西德默斯子爵（Viscount Sidmouth）力主鎮壓，他下面的地方官員恐嚇反抗者——但付出了代價。事情於1819年8月16日在曼徹斯特達到頂峰：龐大的人群聚集在聖彼得廣場前舉行要求改革的和平示威活動，曼徹斯特的行政長官命令義勇騎兵逮捕集會上的演說者，士兵衝向人群，在

「彼得盧」事件中造成11人死亡。激進人士要進行報復，政府則通過暗探和內奸滲入激進運動內部，這些都進一步造成了接下來一年中的數次衝突，如蘇格蘭的織工起義和企圖在倫敦暗殺內閣成員的「加圖街陰謀」事件。絞刑和流刑這樣的鎮壓手段嚴厲、野蠻，行之有效；但從長遠來看鎮壓反而加劇了對憲政的反抗，政府越來越受到懷疑。

社會毀滅與拯救

政府本身對無限制的工業化也抱着懷疑態度。在走向自由貿易、系統化管理和改革刑法典的過程中，它仍然依靠農業利益集團，懼怕進一步發生勞工階級的暴動。支持政府的沃爾特·司各特爵士為產業向城鎮轉移感到遺憾，因為他相信，在鄉間的工廠中，製造業者「對於那些依靠他和他的事業前景、並與這些有着密切聯繫的人施加了良性的影響」。他腦子裏想到的可能是羅伯特·歐文和他的新拉納克紗廠。歐文推廣實行自我管理的工業社區模式時，旨在遏制工業的發展，希望通過用鐵鍬耕種的方式，使農業重新成為吸納大量勞力的重要行業。他的「新道德世界」正契合戰後空氣中瀰漫着的社會崩潰和烏托邦救贖論：

天下最厲害的毒藥
莫過於愷撒那載譽的王冠。

沒有甚麼比盔甲的鐵箍

更讓人類變得醜陋不堪。

當金子和寶石裝點起耙犁，

怨恨定向和平的技藝把腰彎。[3]

　　工匠們不必理解天才的手藝人威廉・布萊克的宇宙論，也會領會其中的寓意。對許多人來說，未來一定會像約翰・馬丁那些細節具陳的巨幅訓誨畫作一樣，展現出大毀滅的景象。19世紀20年代中期時，馬丁這些作品的雕版曾風行一時。[4]

政治仗

　　然而，輝格黨在這場政治仗中發揮了顯著的作用。1820年，喬治四世(George IV)企圖同妻子離婚，致使王室的家醜被公開抖摟出來。《愛丁堡評論》的

3　以上詩行出自布萊克的詩《純真的徵兆》(*Auguries of Innocence*)，第97-102行。

4　約翰・馬丁(John Martin)，英國畫家，主要使用聖經題材，從彌爾頓等文學家的作品中吸取靈感，其作品達到了伯克所說的「崇高」的意境，具有巨大的視覺衝擊力，對西方大文學家產生過很大影響。他的作品也製成雕版，印刷出版，擴大了影響。「大毀滅」，原文為apocalyptic，即《啟示錄》所展示的情景。《聖經・新約》的末卷The Revelation也叫The Apocalypse，因寫千禧年來到前的大量災難性「異象」(馬丁著名的畫都是表現基督教聖經中的罪惡之城 —— 巴比倫、尼尼微、所多瑪等 —— 之毀滅)，而在西方思想中具有了強烈的末世論意味，雖然「天啟」最終要說的是否極泰來。布萊克本人擅長製作銅板蝕刻，也是雕版的一種。

主要撰稿人亨利・布魯厄姆（Henry Brougham）堅決捍衛卡洛琳王后（Queen Caroline，她實在不怎麼像殉難者），對國王和閣員們毫不留情，贏得公眾喝彩。1822年8月，曾在梅特涅的會議上為英國擺脫保守勢力重壓的英國外交大臣卡斯爾雷自殺。[5] 道路暢通了，現在利物浦政府可以表示出比較自由主義的一面了。

1823年，繼卡斯爾雷之後任外交大臣的喬治・坎寧站在美國總統門羅（Monroe）一邊，同意對南美的新興共和國進行隔離[6]，並順帶確認了英國進入一個巨大新市場的特權。兩年後，內閣廢除了1819年通過的反激進主義的「六法案」和反工會組織的立法，1826年終止了鄧達斯家族對蘇格蘭的「管理」。1829年，威靈頓政府通過了解放天主教法案。1828年，丹尼爾・奧康奈爾（Daniel O'Connell）當選愛爾蘭克萊爾郡議員，卻因他是天主教徒，不被准予就職。奧康奈爾老練地控制了愛爾蘭輿論，政府在民族起義的威脅下只好低頭。

議會改革

現在只剩下實行議會改革了，但這裏卻直接牽扯

5　指維也納會議。1812–1822年，卡斯爾雷子爵（Viscount Castlereagh）在解決歐洲問題中起了重要作用，在滑鐵盧後又遏制了聯盟對法國的報復。拜倫、雪萊等年輕作家都把他當成自由的敵人。

6　即門羅主義，主張歐洲（舊世界）和南北美洲（新世界）互不干涉，歐洲不得再在美洲設立新的殖民地或轉讓原殖民地。

到黨派問題。對於工會、蘇格蘭和愛爾蘭的各種壓力集團，還可以通過明智的讓步來平息；然而改革卻意味着輝格黨人會獲勝，那麼議會中的支配權、官職委派等一切有價值的東西也將歸他們所有。1828年，威靈頓公爵頂住「極端分子」的巨大壓力，堅決不讓步。第二年，他們在天主教解放的問題上與他分道揚鑣。與此同時，國內的動盪在蔓延，輝格黨人毫不遲疑地鼓動其激進的對立面。1830年，喬治四世去世，格雷伯爵(Earl Grey)和約翰·羅素勳爵(Lord John Russell)領導的輝格黨獲得議會選舉勝利，要求改革的壓力也達到頂峰。輝格黨的選舉法修正議案被貴族院否決後，組織良好的「政治聯盟」在各個城市舉行大型集會；動亂者襲擊諾丁漢城堡和布里斯托爾主教官邸，兩處均為反改革的貴族的居所；在默瑟市，騷亂後處決了工人領袖狄克·潘德林(Dic Penderyn)。1832年4月，貴族院以9票之差退讓，格雷政府總算鬆了口氣。不過，政府先前卻殘酷鎮壓了英國南部農場工表達不滿情緒的所謂「斯溫船長」[7]動亂，顯出它其實十分保守的本性。

7　原文是Captain Swing，Swing有晃動，動搖的意思。這並非一個人的稱呼，而是1830年冬天英格蘭東南部農業工人起義中，抗議領袖所使用的團體標識，至今被認為是個「神秘」的名字。農工的不滿因1820年以來農場主越來越多地使用脫粒機械，致使大量農工冬季失業，生活無着。起義遭到嚴厲鎮壓，19人處死，500多人流放澳大利亞，600多人入獄。

第六章
應對改革

　　儘管鼓動改革的勢頭已近乎革命，1832年的法案卻將最會惹事的工商部門的力量拉了過來，但它所做的也僅此而已。在蘇格蘭，有選舉權的從4,579人激增到64,447人（即增長到原來的1,407%），而愛爾蘭的選民只增長了21%。曼徹斯特、布拉德福德、伯明翰等41個英國大城鎮首次獲得推選議員的資格，但是英國選區的選民人數平均不足900人，而總共658名議員中有將近半數（324名）是從不足900人的選區推選出來的。白金漢選區的349個選民和利茲選區的4,172個選民選出的議員數完全一樣。英格蘭人口佔全國人口的54%，卻繼續推選出下院中71%的議員；1832年以前，英格蘭的議員數佔下院的74%。「實際上的代表權」，是利益集團的而非人民的代表權，這仍然是一條原則；在日後將近半個世紀中，議會仍掌握在土地利益集團手中。

勞工階級

　　這時，一些保守人士害怕堅持邊沁思想的人會攻

擊貴族和教會。不過，議會中沒有多少認死理的人，輝格黨人的改革熱情很快消退下去。1833年，人道主義者如願在英帝國廢除了蓄奴制度[1]，並通過工廠檢查員制度對紡織廠的童工勞動狀況進行管理。1834年通過了濟貧法修正案，其設計者埃德溫·查德威克視之為系統地、經濟地重建英國地方政府的基礎；然而，它始終只是一塊孤立的紀念碑：人們憎惡濟貧法，也同樣憎惡其標誌——淒涼的教區聯合濟貧院或濟貧「巴士底獄」。

《泰晤士報》也大聲斥責新濟貧法，可能感到「哲理激進派」已經走到了頭。1834年是多事之秋。愛爾蘭倒是一時消停下來，輝格黨慢慢地和奧康奈爾達成了、並在30年代後半期維持了相互諒解；然而在本土，形成之初的勞工階級發起的「替代社會」運動卻迎來了高潮。約翰·多爾蒂(John Doherty)等人領導的工會運動，「地下」發行物的論辯，激進主義者對選舉法修正案的失望情緒，重返政治的羅伯特·歐文等等，全都結合起來，產生了一個計劃，即成立「全國大統一工會」，通過「全國大假日」亦即全國大罷

1　16世紀中葉，英國介入新世界貿易，其中包括奴隸買賣。18世紀布里斯托爾和利物浦等地靠販奴發達起來(在西非以英國產品交換奴隸，將奴隸販運到美洲種植區，以奴隸勞力交換英國市場所需的煙糖等產物)。英國人在加勒比海地區也有自己的殖民地，實行蓄奴制。18世紀後期的福音教改革勢力強大，議員威爾伯福斯領導了廢奴運動，1807英國取締奴隸貿易，1833年在英帝國廢除蓄奴制。

工，摧毀資本主義制度；從此社會將有大家認可的合作基礎，工資報酬的價值將以實際工時計算。3月裏政府反撲，拿6名多塞特郡工人開刀[2]，後者即「托爾普德爾蒙難者」。全國大統一工會頻繁舉行抗議罷工活動，其組織者卻未能妥善地協調行動。8月間，歐文退出，等於結束了這場運動。10月16日，議會意外着火燒毀，假如此事早半年發生，可能就不只是象徵的問題了。

地方政府改革

輝格黨真正的勝利隨着地方政府的改革而到來。1833年，原先自行推舉的蘇格蘭自治城鎮政務會開始由地方納稅人行使選舉權選出。兩年後，英格蘭城鎮也開始改革。大城鎮裏，輝格黨人和激進主義者取得了公職，基本上也一直當權。但是，這時候的政府卻嚴重分裂了。1834年11月，托利黨上臺，政府在皮爾(Peel)的領導下，或多或少承諾要在改革的框架下執政。但那只是虛幻的成功：1835年4月，輝格黨重新上臺，但其首相卻是極度保守的墨爾本子爵。1841年輝格黨再度失勢，這時皮爾似乎越發鮮明地反映出漸進主義改革的精神。年輕女王那位認真的丈夫、撒克遜－科堡－哥達的艾伯特親王(Albert of Saxe-Coburg-Gotha)也很贊同皮爾的觀點。

2　這6人是農業工人，因在托爾普德爾村組織農工聯合會被捕，並判流放澳大利亞，在全國抗議下，兩年後當局撤銷了原判。

反穀物法聯盟

皮爾上臺後則受到兩方面的壓力。製造業主迫於利潤下降，要求降低工薪，他們相信只有麵包降價了，才有可能做到低薪(麵包是那時勞工階級的主食，他們每人每週要吃大約5磅麵包)。要降低麵包價格，只有允許糧食自由進口，也就是說，只有廢除1815年的穀物法。激進主義者在受到輝格黨人立場後退的挫折後，趕上了這波浪潮，抓住了運動的指揮權。1838年10月於曼徹斯特會議上成立的反穀物法聯盟中，成為聯盟領導的是理查德·科布登(Richard Cobden，在大洋彼岸有生意，成就平平的棉布商)，約翰·布賴特(John Bright，來自羅奇代爾市的貴格派地毯商)和詹姆斯·威爾遜(James Wilson，1843年創立《經濟學家》的蘇格蘭記者)。反穀物法聯盟既代表了、卻也在一定程度上創造出了具有商業頭腦和個人主義精神的英國中產階級 —— 德國人稱之為「曼徹斯特人」(至今仍如此稱呼他們)[3]。聯盟通過請願、示威、不合作大動員等活動，並通過富有創意地使用新的便士郵政制，廣泛煽動起人們對土地貴族和皮爾本人的仇恨情緒。

事實上，在財政政策方面，皮爾基本上一直遵循着政治經濟學的準則：大大減少進口關稅，重組英格

3　德語為Manchestertum，即(主張)自由貿易主義(的人)，指一種經濟政策上的自由主義(者)，要求擺脫一切國家干預和侵犯，獲得完全的、充分的經濟自由。

蘭銀行，允許自由企業主負責鐵路募資(儘管貿易委員會主席威廉·格萊斯頓[William Gladstone]主張全盤國有化)。然而，聯盟成員則孤注一擲。他們意識到，自己的好日子和越來越有反抗精神的勞動大軍綁在了一起。[4] 一位絕非正統的曼徹斯特紡織廠主、年輕的德國人恩格斯(Friedrich Engels)目睹了一波又一波不滿浪潮在工廠內湧動；他預言說，「當工人們決心不再任人買賣的時候，當他們自己決定勞動價值，成為不僅有勞動力也有意志力的人的時候，就在那樣的時刻，全部現代政治經濟學就走到了頭。」恩格斯所選擇的是經濟不景氣時期的極端手段，是憲章運動所表達、組織起來的勞工階級的力量。

憲章運動

「俺才不願理政治啥的，可俺是憲章人。」這是1848年時，一個倫敦清道夫對社會調查的先導者亨利·梅休(Henry Mayhew)說的話。《人民憲章》提出成年男性普選權、無記名投票、平等選區、取消議員

4　如第五章已經談到的，1815年的穀物法滿足了土地階級的利益，平息了農業勞動者的憤怒，但使城鎮工商階級和工人的利益受損。與糧食補貼、維持高糧價的保護主義做法相反，工商階級要求取消穀物法，開放市場，降低進口糧食關稅，真正做到貿易自由。如這一節所說，三四十年代時，在激進主義者的鼓動下，工人階級也加入進來，形成資本家和工人的反貿易保護聯盟。一時間，是否取消穀物法的問題凸現了城鄉矛盾。

的財產資格規定、議員薪酬制、年度選舉議會[5]等著名的六點要求，在當時的影響不亞於法國革命和奧康奈爾在愛爾蘭發起的運動。然而，團結只是一時的、表面的現象——憲章運動是非常複雜的、高度地方性質的運動。形式上它追求徹底民主(雖然只是就男性而言——女性選舉權的提議很早就被否定)。它那規模浩大的全國性運動階段也是短暫的，只從1838年延續到1842年。但是，地方上有組織的運動和離經叛道的主張卻此起彼伏；當地的經濟危機、政治傳統乃至領導人性格都會對運動產生影響。「暴力派」和「道義派」的分歧又和對待不同政治黨派、酗酒、愛爾蘭、財產和教育等問題的態度糾纏在一起。蘇格蘭和英格蘭中部地區的運動領袖是做點小生意的小商人和職業人士。約克郡失業情況嚴重，加之新濟貧法的影響，運動的領導人就十分好戰，但他們又和托利黨站在一起，鼓動工廠改革。威爾士的「邊遠」工業城鎮已多次發生「集體暴動交涉」事件，因此1839年11月4日在紐波特舉行的大規模抗議示威活動演變成同武裝部隊的流血衝突，也許就不奇怪了。當場有14人被殺，後來的審判中有人被判流放塔斯馬尼亞，但沒有人被判處絞刑。

相對於1831年時的墨爾本或1819年時的利物浦而

5　指要求每年選舉下院議員。事實上，在1838年憲章派提出六點要求後的大半個世紀中，英國除了舉行年度選舉外，已經陸續實現了憲章運動的各項要求。

言，皮爾顯得溫和些，比較講究策略。他的政策取得了成效。1843年和1844年的經濟繁榮使憲章運動人心渙散；1848年運動的最後爆發其實反映出愛爾蘭的苦難，而不是表達英國工匠的抱負，或是在英國發動歐洲式革命的意願。後期憲章運動更帶有實驗性，更為多樣化，當然也更具愛爾蘭特點。費格斯·奧康納(Feargus O'Connor)提出解決土地問題的方案；歐文主義和社會主義主張捲土重來；與之並行的還有從歐洲革命人士那裏拿來的思想，這些革命者中有不少最後流亡到了英國。不過，無論朱利安·哈尼(Julian Harney)和歐內斯特·瓊斯(Ernest Jones)同馬克思和恩格斯之間的友情具有多大的思想魅力，群眾性的運動這時已告終結。老憲章派領袖仍活躍在爭取單項目標的事業中，如禁酒運動、合作社運動(1844年成立的羅奇代爾先驅合作店，根子就在憲章運動)和工會運動。另一些人則移居外國。運動領袖中有不少人最後很體面地成為維多利亞中期的地方政府官員，或從事着新興的地方報業。

圖5　1848年4月10日在坎寧頓公地上舉行的最後一次憲章派大集會。儘管根據達蓋爾銀板製版的這張照片被反復印行，其原件卻放在皇家檔案館，直到20世紀70年代才被發現。照片證實了法國政論作家托克維爾的評論，即英國的階級很難憑衣着區分；它也表明，世紀中葉參加激進運動的幾乎是清一色的男性。

第七章
「若不是耶和華建造房屋⋯⋯」[1]

　　1832年，由中東傳來的可怕流行病霍亂席捲歐洲，在英國造成3.1萬人死亡。1833年，議會表決同意為小學教育撥款3萬英鎊，約翰・基布爾(John Keble)則在牛津大學作了「國家的叛教」[2]的宣道演說。這些事件只是恰好與政治改革同步發生 —— 議會在溫莎堡的馬廄上花的時間和金錢比教育經費還多 —— 但它們卻成為很重要的因素，影響到日後國家行動的方向以及維多利亞早期人對自身社會地位的理性闡述方式。

住房與衛生

　　霍亂流行凸現了城市迅速擴張帶來的問題，儘管它在鄉村同樣會造成毀滅性後果。新興工業城鎮面積小，人口密集，因為那時普遍是步行去上工。城鎮的土地使用和經濟實力存在相應關係：在數字上只佔極小部分的有產階級，如在紡織城可能不到人口的5%，

1　「若不是耶和華建造房屋，建造的人就枉然勞力。若不是耶和華看守城池，看守的人就枉然儆醒。」見《聖經・舊約・詩篇》第127章第1節。

2　英文為national apostasy，指國家政府干預教會事務的背信行為。此演說被認為是牛津運動的開端。

卻往往佔據50%的土地面積。做工的人住在有工廠、道路、運河以及後來有鐵路可及的地方。結果是19世紀的城鎮骯髒不堪，煙霧瀰漫，臭氣薰天；可是對工人來說，無論房租還是過日子都十分昂貴。一處過得去的房子租金為一個熟練技工四分之一的週薪，但是能租得起的家庭還是少而又少。結果，老內城區的貧民窟倍增，如倫敦的「禿鼻鴉」貧民麇集地，利物浦和曼徹斯特的「滾地籠」，蘇格蘭自治城裏的「地盤」，梅瑟蒂德菲爾市的「支那」。不僅如此，土地所有者和投機建築商還製造出帶有地區特色的新貧民窟來，如約克郡的「背靠背」式的密集住房，又如小小的「一房加廚」或「單人房」公寓，到1870年為止已經有70%的格拉斯哥家庭居住其間。

如果說居住條件很差，那麼衛生情況更糟。境況好的市民可以聯合起來，成立各種委員會，負責提供給排水系統，街道照明和一定的治安管理；但這些做法事實上讓他們的窮鄰居的日子更加難過了。中產階級居住區的新式水沖坐廁往往將污水排進了勞工階級居住區的水源。

衛生改革

流行病的暴發為勞工階級報了一箭之仇。處在僕人、小業主等大批窮人的包圍之中，平日從來不把他們當回事的富人們，這時突然變得異常脆弱。例

如，在1856年卡萊爾的那場瘟疫中，日後將任坎特伯雷大主教的泰特(A. C. Tait)的7個子女中有5個死於猩紅熱。1831年，為對付霍亂，政府迫使地方顯貴協助臨時的衛生署工作。鑒於因養家活口的主力死去和健康惡化而陷入貧困化的人數眾多，1841年，埃德溫·查德威克代表濟貧法專員主持了「勞動人口衛生狀況的調查」，調查報告於1842年發表。因報告的後果和此後的騷動，更加之新一輪霍亂暴發的危險，便有了1848年的法案出臺，將建立地方衛生局的權力下放到市政當局，衛生局接受包括查德威克在內的3名公共衛生專員的指導。除了邊沁主義者，還有別的力量也被動員起來，如部分憲章主義者和激進主義者，但可能更多的是托利黨人、專業人員和慈善家。從阿什雷勳爵(Lord Ashley)的身上可以看到整個的衛生改革運動。這位將成為沙夫茨伯里伯爵(Earl of Shaftesbury)的人可能是個偏見十足的低教會派托利黨人 —— 麥考利用「埃克塞特大廳[3]的驢叫聲」來形容他的風格 —— 但是他繼承了威廉·威爾伯福斯的能力，能嫻熟地駕馭公眾輿論和統治集團的意見，以獲得政府的有效干預。19世紀40和50年代，他在這方面的才能被用來幫

3　Exeter Hall，1831年在倫敦斯特蘭德大街上開設的公共會所，英國的宗教和慈善機構的年會往往在此召開(會議一般在五六月舉行，也稱五月會議)，對英國的殖民地政策和推行人道主義的措施產生過相當大的影響。該建築於1907年拆除。又，阿什雷是第七任沙夫茨伯里伯爵。

助礦工、工廠的僱工、移居國外的窮人和貧民窟居民。有些人認為，行政改革具有自身的動力，與議會行動或意識形態均無關係。「托利黨的歷史闡釋」（這是對上述觀點多少有失公允的說法）對比了兩類人的行為：一方面是官員——「果敢的行動者」，以及阿什雷勳爵那樣的熱心家，他們有事實上創立自己的法則的能量，另一方面則是議會對社會狀況的漠不關心。

然而，這只是對改革進程的部分解釋。官員的行為準則因部門而異，因人而異。一部分人專注於工作，甚至不惜自我犧牲；可另一些人身上則反映出委任制度下文職人員的閒適、懶散的風氣。作為郵政局的高級職員，安東尼·特羅洛普（Antony Trollope）仍有時間每週狩獵兩次，並且穩穩地年產1.7部小說。他的一部小說《三個職員》（1857）生動地展示出改革前死氣沉沉的文職部門，也表現了特羅洛普本人對改革者酸溜溜的觀感。

這是「地方自治」和向專業化演進的黃金時代，所以改革最強大的能量來自於大城市，來自於主要是在蘇格蘭接受職業訓練的新一代醫生，他們正處於從地位低下的外科醫師和藥師[4]向一支自我管理的專業隊伍轉變的過程中。1847年，利物浦任命了第一個醫務衛生官；一年後，充滿了形形色色的社會危險、俗稱「平方英里」的倫敦城也指派了強悍的西蒙醫生（Dr

---

4　藥師（apothecary），是經批准不僅可以售藥也兼有處方權的人。

John Simon)作為其衛生官。及至1854年，指派醫務衛生官已經成為強制性規定。實際情況也證明這個職位至關重要，醫務官不僅促使各個城市着手進行給排水系統和拆除貧民窟等方面的重大規劃，而且確保有關限制建築和過度擁擠方面的規章得以貫徹實施。

教育

新的工業社會引發了對教育組織的關注。這方面存在不同的意見：福音教徒漢娜·莫爾(Hannah More)相信，要做到灌輸宗教思想但又保存秩序的話，孩子們就只應學習閱讀而不應學寫作；亞當·斯密則擔心分工會造成勞工階級智力愚鈍化的後果，他尋求通過辦國家教育的辦法來削弱這種影響。蘇格蘭因加爾文教改革了教會，所以有國家教育機構，但是英格蘭卻不存在相應的組織。19世紀以前有文法學校(其歷史往往可追溯到宗教改革前)，獨立學校或曰「冒險」學校[5]，以及慈善學校。學校質量差別甚巨，也根本無法適應正在壯大的年輕人群的需求，更別說為新興城區服務和改善辦學標準了。然而，1800年前後，輿論卻轉向了教育 —— 可以用教育防範革命的發生，就連喬治三世(George III)本人也這麼看。發生這個轉變在一定程度上是因為出現了新的、廉價的因而也十分誘人

5　指英國的私立學校，不接受政府資助，靠學生繳費、捐助等手段運作。

的教學形式。由約瑟夫‧蘭開斯特(Joseph Lancaster)和安德魯‧貝爾(Andrew Bell)創立的「導生制」——年長學生記住所學功課後再去教小的學生——直接導致1808年成立了不列顛和外國學校協會，1811年成立了全國協會。但是，和這兩種旨在普及全國教育的嘗試同時展開的，卻是它們各自的發起者，即不從國教派別和國教之間的日趨激烈的對立。宗教態度的重要性超過了教育規範，這種傾向繼續了差不多一個世紀。

改造私人捐助的「公學」中所遭遇的宗教對立因屬英國國教內部矛盾，所以沒有那麼激烈。18世紀末，公學的境遇十分可憐，但這種情況在激進的廣教會人士托馬斯‧阿諾德(Thomas Arnold)於1829年就任拉格比學校校長之前就已經有所改善。事實上，阿諾德進行的改革類似於1832年那個基本上是保守的政治解決方案，但卻持久得多。「人文教育」(即拉丁文和希臘文)對於想上大學的學生來說仍是主修課業，但已經得到提升，從訓練貴族青年的毫無意義的儀式化教育改造成了競爭性進取的科目，使中產階級子弟可以通過獎學金和牛津、劍橋的學院研究助學金得到深造機會。中產階級子弟的目標是最終獲得資助進入專門職業行當，但他們的作用更為深遠：他們引導着其他工商階層子弟，去實踐一種淨化了的土地貴族的價值觀。阿諾德於1842年去世，這時其他歷史更久的公學已經都在效法他的改革；鐵路系統的擴展以及1857年

托馬斯‧休斯[6]那部極為成功的《湯姆‧布朗求學記》對於這種模式的推廣也起了推波助瀾的作用。

基督教社會主義

公學的再造為新一代的改革者提供了一種範式，他們中有許多人就是公學出身。和邊沁主義者不同的是，他們並沒有發展出完整統一的計劃，而是謀求改造那些只有貴族和國教教士才能進入的機構，使其為全社會服務。1848年，追隨莫里斯(F. D. Mourice)的基督教社會主義者(其中就有湯姆‧休斯)力圖使英國國教成為勞資糾紛的仲裁者，表達了「國民化」[7]的理想及其必然的結果，即讓勞工階級「融入」「政治社會」。他們並不孤獨。在布拉德福德，激進的毛紡業者、年輕的福斯特(William Edward Forster)(他曾是貴格教友)這樣寫道：

> 如果不對群眾作出讓步，如果不是所有的階級都在

---

6 托馬斯‧休斯(Thomas Hughes)就讀於拉格比學校和牛津大學奧裏爾學院，成為出庭律師，自由黨議員，基督教社會主義者，「強身派基督教」代表人物之一，熱衷勞工教育事業。他尊敬拉格比校長阿諾德，暢銷幾十年的《湯姆‧布朗求學記》就是以拉格比學校為原型的小說。

7 原文用nationalization，意為應不論貧富，能代表所有人採取政治和經濟行動的一種社會綱領，針對着保護工商業者利益的、放任個人主義的不干涉主義(laisser-faire)。

認真地爭取使大眾的日子能過得好些，那麼動亂遲早會發生。不過我相信，防止動亂的最佳政治手段是使中產階級能感受、體諒工人，幫助他們實現合理的要求，從而自己也會獲得力量拒絕他們那些不合理的要求。

福斯特的妻子是拉格比校長阿諾德的女兒，學校巡視員兼詩人馬修·阿諾德(Matthew Arnold)的姐姐。思慮高遠而主張溫和改革的「精神貴族」已經從原先的福音宗教向政治干預的方向轉化。

牛津運動和廣教會

阿諾德，英國的公學，以及大多數政治家都屬「廣教會派」或說是國教的自由主義傳統。按廣教會的原理，教會被設想為國家的合作者，神學教義要嚴格服從這一合作關係。福音派則頌揚宗教的律令，然而他們樸素的神學觀越來越受到自由主義的衝擊，後者的侵蝕作用在1832年的改革法案中似已達到頂點。教士們擔心一個邊沁主義的、從而也是無神論的改革大潮將到來；約翰·基布爾在牛津大學的一次佈道中宣告了教士對之的抵制，其依據就是英國國教的使徒傳統。「書冊派」，亦即牛津運動，並不是通過社會改革或「高教會派」的儀式來反對自由主義；它是對國教傳統的守護性的、智性的訴求。12年後的1845

年，牛津運動分裂，那時一些領袖人物斷定他們和羅馬之間已經沒有阻隔，於是就「過去了」；紐曼（John Henry Newman）就是其中之一，他這樣做一定程度上是回應了低教會派的迫害，但也有純粹的智性信念的因素。儘管敵視運動者不看好，然而牛津運動還是通過像格萊斯頓（W.E. Gladstone）那樣虔誠的平信徒，以及它對宗教教育和建築的影響，鞏固了國教精神。

廣教會派採用一種更為社會學的眼光來評估宗教，既然有這樣的定位，那麼當英國似乎只有不到五分之一的人去教區的教堂時，他們也就陷入了困境。1851年那次絕無僅有的宗教人口普查表明，英國人口中只有約35%的人會去參加星期日的禮拜儀式，而且這中間有一半的人在「聽」不從國教的牧師「講經」，儘管各地區差別很大。 1848年和以後的日子裏，廣教會派的基督教社會主義者投入很大精力去接近勞工，但是，如果說有一個工人是被這個團體的領袖莫里斯的神學說服了的話，那麼有10個人是因為被莫里斯的同事金斯利（Charles Kingsley）的小說打動了，還有更多的人是因為得到了切實的幫助，如勒德洛（J. M. Ludlow）在工會的工作和尼爾（E. V. Neale）發動的原初階段的合作運動。國教至少擁有傳統、財富和能夠控制的廣大地區，所有這些非國教教派都是得不到的。在宗派分裂、總是受到統治階級的懷疑的情況下，有好幾位持保守觀點的不從國教宗的首領——著

名的有循道宗聯合會的邦廷(Jabez Bunting)——力圖互相聯合起來。鄉村和礦區的不從國教派則往往以政治激進主義為特徵——威爾士南部發生的變化尤其劇烈；城市的精英團體，如唯一神教徒或貴格會友等，在政治上也往往十分激進。只是到了19世紀50年代，在反穀物法獲得勝利之後，不從國教宗派才顯示出實力，同自由黨站在一起，要求改善自己的公民地位，或者如「解放協會」(1844年成立)的綱領所提出的，要求撤銷聖公會的國立宗教地位。組織起來的不從國教派別在自由主義內部漸漸發揮了重大的——也是惹麻煩的——體制性作用。但是，富有的不從國教人士如一股細流似的連續地流入國教，這個傾向表明有組織的不從國教派也是一種損耗性資產。

在蘇格蘭，有關聖職授予權的爭論在1833–1843年的「十年鬥爭」中達到高潮[8]，最後以確立的蘇格蘭長老會的「分裂」和新的獨立「自由蘇格蘭長老會」的成立而告終。教會在世俗中發揮的作用迅速減弱——1845年濟貧法付諸實施——但是，宗教政治在19世紀後半葉仍然困擾着蘇格蘭的中產階級。

8　蘇格蘭的確立宗教是長老宗，牧師由會眾選出。1712年，英國議會批准由蘇格蘭的地主推選出地方教會的牧師，自此教會內的對文化和社會事務更感興趣的「溫和派」獲得了統治權，信奉加爾文主義的福音派日漸不滿。所謂授予權之爭涉及應該由地主選神職人員還是將權力交還給會眾的問題，反映出對教會和國家權力的不同看法。

第八章
「隆隆作響的變化之轍」[1]

即使用古典經濟學的標準衡量，19世紀40年代也是一個充滿危機的時代。英國工業的主導力量仍是紡織業，紡織品的市場有限，況且面臨着來自美國和歐洲的日益激烈的競爭。對該產業投資過多，每採用一種新發明就意味着投資回報的減少；商業的蕭條一次比一次更甚，時間也延續得更長。實際工資增長緩慢，往往增長的部分還不足以抵消手工藝行業的急劇衰落帶來的影響以及城市高昂的最低生活費用。馬克思通過他那廠主朋友恩格斯的描述審視英國，對他而言，這都是一個圖像的一部分。資本主義註定會斷送在自己的剩餘資本積累上；下一次經濟不景氣到來時，工資日趨低下的勞工一定會起來堅決反抗資本主義。馬克思很可能會重申雪萊的挑戰：

---

1 英國詩人丁尼生(Tennyson)的名詩《洛克斯利廳》(*Locksley Hall*, 1842年)中的用詞，從上下文看，這裏的意象顯然是新生的鐵路：「遠處的召喚並不徒然。向前，讓我們向前衝去，/讓大世界沿着隆隆作響的變化之轍永遠旋轉下去。……/ 寧願在歐洲只活五十年，也不想在華夏活滿一輩子。」(181–182，184行)

起來吧，像雄獅初醒，

你們人多勢眾，不可戰勝；

快搖落你們身上的枷鎖，

像搖落睡時沾身的露珠；

他們有幾人？你們卻眾多。[2]

　　19世紀40年代，愛爾蘭的事態似乎到了革命一觸即發的地步。1845、1846、1848年的幾次馬鈴薯枯萎病的爆發，摧毀了愛爾蘭人口增長的基礎。1845至1850年間，有近百萬人死於營養不良；1845至1855年間，有兩百萬人移居外鄉。愛爾蘭貧窮移民願意拿遠低於英國標準的工資，他們已經被視為一種爆炸性的力量。卡萊爾在《憲章運動》(1839年)中寫道：「只要肯摘下統計數字的眼鏡去看一看的人都會發現，在城鎮或鄉村……英國下層勞動群眾的境況已經越來越接近那些在所有的市場上和他們爭飯碗的愛爾蘭人……」。事態之所以沒有爆發，在相當大的程度上是因為那段時期出現了引人注目的工業發展，吸收了過剩的勞動力和資本供應，將它們轉移到新的更多樣化的經濟中。這種經濟的主要工具，從心理上說也是最令人歎為觀止的工具，就是鐵路。

2　楊熙齡譯，《雪萊抒情詩選》，上海譯文出版社，1981年，第III頁。這段詩出自雪萊的《無法無天者的假面舞會》(*The Mask of Anarchy*)第38節，151–155行。

鐵路

自17世紀初開始，各種類型的原始軌道就一直在將煤從礦井運載到港口或河岸。到1800年時，全國各地已經有大約200英里的畜力牽引軌道，它們的規格、樣式各不相同，先是木軌，後來有了鐵軌。18世紀70年代使用了鑄鐵，從90年代起開始使用可靠得多的軌道，也就是上面可以跑帶凸緣輪的鍛鐵條形軌道[3]。這時出現了兩種形式的蒸汽牽引機：低壓的固定發動機牽拉着車輛上坡，而輕便的高壓「動力」機車則在軌道上自行推進。1804年，特里維西克(Richard Trevithick)在威爾士演示了移動的蒸汽動力機車，北部的煤田很快採用了這種機車。那時，喬治·斯蒂芬森等「觀摩」過動力機車的北方礦區人正在建造一種能承載大運力的凸緣輪式鐵軌；1800至1825年，煤產量翻了一番，對凸緣輪式鐵軌大量需求的結果使畜力牽引車荷載量大增。到1830年時，整個大不列顛已經在議會的授權下建造了375英里的鐵路。

19世紀20年代中期商業繁榮，隨着鋪設利物浦至曼徹斯特鐵路的宣傳募資活動，建設鐵路的高潮再次到來。1820至1830年間，棉紡業產量幾乎增長一倍，曼徹斯特的人口增長了47%，然而生產生活必需物資

3　傑索普(William Jessop)於1789年發明。稍早的鑄鐵(即生鐵)鐵軌先後在外側和內側帶L型的導向凸緣，以防車輛出軌，傑索普將凸緣從軌道轉移到車輪上，這被認為是鐵路發展史上的重大改革。

的運輸卻因壟斷性質的布里奇沃特運河而受到限制，因此有必要出現一個大規模的競爭對手。這種需要甚至超過了當時技術上的可行性。只是在公開競爭的壓力之下，斯蒂芬森父子才在最後一刻造出了足夠有效的動力機車。獲獎的「火箭」號(1830年)和後來上生產線的「專利者」號(1834年)[4]之間的差異不亞於「火箭」號和其可靠卻笨拙的前身「動力」號機車之間的差異；此後的半個世紀中，機車設計不再有甚麼更改。

19世紀30年代，又一波投機熱推動了鐵路建設。到1840年，將近2,400英里的鐵路將倫敦同伯明翰、曼徹斯特、布賴頓等城市連結起來。有些新鐵路線很成功，其他投資過度的鐵路則面臨土地罰金和司法訴訟而陷入困境。早年的股份公司並沒有多少規矩可言，一些能夠做到「股息票換金」的公司名聲大振，如「鐵路大王」哈德孫(George Hudson)在1845年就控制了全國三分之一的鐵路系統。哈德孫大把賺取利潤的辦法是賣股分紅，也就是使用為建造新路線募集的資金支付已有鐵路的股利。40年代由哈德孫推波助瀾興起的鐵路投資狂熱終於在1848年破滅，哈德孫的行徑被揭露，他逃離了英國，然而，這時鐵路線總長已經超過8,000英里，鐵路網也已經從阿伯丁一直延伸到了普利茅斯。

---

4 英文是the Planet and Patentee：「行星」號是1833年由斯蒂芬森的兒子羅伯特‧斯蒂芬森設計製造的、帶有6個引擎的機車，獲得專利。該機車後來有一些改進，成為蒸汽發動機時代的標準火車頭。

地圖2 鐵路，1825–1914年

圖6　鐵路時代的英國工程師群像，約翰·盧卡斯的作品，場景顯然設在1849年秋天梅奈海峽邊的一個工棚內。那時羅伯特·斯蒂芬森負責的建於克魯－霍利海德鐵路線上的梅奈大橋（見背景）正在架設鍛鐵管桁架。斯蒂芬森坐在中央，坐在最靠右邊的是伊桑巴德·金德姆·布魯內爾，再加上（坐在右二的）約瑟夫·洛克，就是鐵路工程三巨頭了。1859至1860年這一年裏，三人都因勞累過度，在五十多歲時就相繼去世。

鐵路巨頭

　　鐵路時代也產生了鐵路英雄，如自學成才的斯蒂芬森和他那極其聰慧的兒子羅伯特（Robert），洛克（Joseph Locke），古奇（Daniel Gooch），還有博學多識的布魯內爾（Isambard Kingdom Brunel）等。布魯內爾的龐大計劃——軌距為7英尺的大西部鐵路[5]，首創的採

5　布里斯托爾至倫敦的鐵路，19世紀30年代末接近完工。

用鐵船體和螺旋槳的「大不列顛」號汽船，1.8萬噸的「大東方」號巨型遠洋輪 —— 既使公眾癡迷，也嚇壞了他那些不幸的投資贊助人。吉·基·切斯特頓後來發問道：「哪個詩人族向星星發射了如此巨拱？」[6] 被卡萊爾稱為「工業大亨」的這類實業鉅子比棉紡業主更引人注目，後來斯邁爾斯(Samuel Smiles)將他們樹立為「自助自立」的樣板。

建設和成本

在不到20年的時間裏，在沒有任何現代建造技術的情況下，新的運輸系統創建起來了。是掘土工創造了這些帶着英國早期鐵路特色的巨大土木工程 —— 據說1848年時，有25萬名壯勞力在啤酒和牛肉的激勵下做着挖掘土方的苦工。19世紀30年代，英國勞工的形象不是工廠裏可憐的奴隸就是餓肚子的棉布織工。到了50年代，勞工的形象變成6個月內讓水晶宮拔地而起的肌肉強健的工人，成了被送往克里米亞戰場，用修築鐵路、搭建營帳的勞動挽回了軍事無能的一支力量。[7] 然而，鐵路耗費的資金量是空前的，到1849年為

6　切斯特頓(Gilbert Keith Chesterton)的詩句，他在想像遙遠的未來有人對着倫敦國王十字架車站建築的廢墟感慨，就如我們對着公元前羅馬人在法國南部建造的三層拱形高架引水渠(Pont du Gard)發出感慨一樣。詩行中的「巨大」用希臘神話中的獨眼巨人作比喻(cyclopean)。

7　克里米亞戰爭第一個冬天，英國軍隊指揮不靈，供給跟不上，士氣不振，英國鐵路公司遂派挖土工去緊急修築一條戰時用的窄軌距鐵路，

止，投資在鐵路上的錢已經不少於2.246億英鎊。1849年，總的收益仍不高，只有1,140萬英鎊；儘管到1859年，收益提高到22,460萬英鎊，但鐵路始終不過是一種收入有限卻還算穩定的投資項目，而有些公司卻還遠遠達不到這個水平。1852年以前，鐵路從客運賺的錢多於貨運；此後貨運量的擴大在很大程度上是因為鐵路公司有計劃有步驟地收買了運河這個最大的競爭對手。迄今為止運河的業主們一直享受着過份的高額利潤，他們很不情願在競爭中眼看着自己淪落下去。到19世紀50年代中期，運河體系的戰略部門均已歸屬鐵路所有，運河運輸業務已經徹底地轉移到鐵路上。在工業發展最生機勃勃的領域中，亞當·斯密所抨擊的資本家的共謀已經赫然成為事實。

主要使用畜力車運輸，只在後期才用蒸汽機車。相比之下，俄國只有馬車運輸，所以有人認為是鐵路挽救了這場戰爭。

第九章

政治和外交：帕默斯頓時代

　　鐵路熱的時代裏，政治上也發生了戲劇性的轉變。1842、1843和1844年的收成都很好，糧食充足，價格低廉。可是1845年，惡劣的天氣摧毀了莊稼，愛爾蘭的馬鈴薯遭遇第一次晚疫襲擊。反穀物法聯盟的意見似乎得到了證實。皮爾力爭在內閣通過自由貿易法，未果，遂辭職，然而在輝格黨無法組閣的情況下又回來當政。1846年2月，他提出在3年期內取消進口穀物稅的一攬子措施；他通過對濟貧法和地方警察部隊的資助，贏得了 —— 或說希望贏得 —— 土地貴族士紳對廢除穀物法的支持。然而，皮爾所在的黨內存在深刻的分歧，當年5月他因鎮壓愛爾蘭而遭受質詢時，替他說話的人寥寥無幾。在接下來的大選中，羅素回來了，組建了輝格黨內閣，從此輝格黨及後來的自由黨便主宰了政治舞臺。皮爾班子中包括格萊斯頓、阿伯丁伯爵(Earl of Aberdeen)和格雷厄姆爵士(Sir James Graham)在內的主要成員倒向輝格路線，受到重創的托利土地貴族士紳現在的領袖反倒是原先輝格黨的德比勳爵(Lord Derby)和本廷克勳爵(Lord George

Bentinck），還有那從前的激進分子、外來的迪斯累里（Benjamin Disraeli）。托利作為一個黨派仍挺立着，只是接下來的30年中，托利黨只執政了5年。

黨派操縱，土地權勢

那時黨派的操縱力有所加強，其中心是聖詹姆斯宮的兩個新俱樂部：一個是改革俱樂部，另一個是（托利的）卡爾頓俱樂部，兩者均成立於1832年。但是，如果把政治設想成從左到右的不同態度，那就未免給前人強加上了後世的標準。當時根本不知道有甚麼全國性的黨派組織，也沒聽說過有甚麼黨的綱領，公眾演說十分罕見。選舉之前（那時每7年舉行一次選舉），領袖人物——主要仍是輝格黨巨頭——會向最親近的幕僚（往往是其親戚）就政策問題吹吹風。有望當選的人便前往可能推選他們的選區，發表演講，在當地名人顯貴中拉選票，只有在得到可觀的支持的情況下，候選人才會真正「付諸投票」。

選舉耗資巨大，因此辯論式競選並非慣例，而只是個別現象。土地貴族在很多存留下來的「口袋選區」中仍是不可撼動的勢力。可以設想，在眾目睽睽之下，地方上的一個農場主或是商人投票反對伍德斯托克的布萊尼姆宮[1]的話，那幾乎就是自殺式的舉動。

1　18世紀初，英國將領、第一任馬爾伯勒公爵（約翰·丘吉爾）在西班牙王位繼承戰中，在伍德斯托克的布萊尼姆打敗法國和巴伐利亞軍隊。

郡縣也同樣捏在顯要家族的手中。中等大小的選區比較開放一些，但很昂貴；有時候選舉人嚴重腐敗，和狄更斯(Charles Dickens)在《匹克威克外傳》中描寫的伊墩斯維爾一樣。新獲得選區資格的大城鎮有時會選出無經濟實力但是有活動能力的人——如麥考利就代表利茲當了議員，但更多的情況是支持富裕的當地商人當選，後者往往負擔了競選的大部分經費。不過，有些事情直到今天仍是熟悉的現象：英格蘭地區比較保守，而「凱爾特邊緣地帶」則更為激進。

1834年威靈頓那短暫的看守內閣後來證明是英國最後一次由一位公爵擔任首相的政府；儘管如此，權力卻仍然掌握在土地擁有者手中，可是在議會中，輝格黨的勢力仍然強大，和托利黨平分秋色。要說起來，輝格黨裏有很多人是新近才得到了議員資格，這也應該算是上層統治階層機動性的表現吧。皮爾和格萊斯頓都是牛津的兩科優等生，可他們的上一代還不過是地方上的工商業者。更值得注意的是本傑明‧迪斯累里的成功：這位冒險家和小說家出自猶太教背景，而猶太教教徒直到1860年才獲得充分的公民平等權利。

防務

政府部門在國內立法問題上花費的時間很有限，

布萊尼姆宮是為他建造的。二戰時期的英國首相丘吉爾是馬爾伯勒公爵的後人。

但在外交和防務上卻費心得多 —— 這也並不奇怪，防務開支在國家預算[2]中佔三分之一以上。1815年以後，海軍和陸軍的變化都不大。1822年，海軍購買了第一艘蒸汽拖船「猿猴號」；1828年，政府老大不情願地又訂購了幾艘汽船，海軍部的大臣們感到「引進汽船就是打算給帝國的至高權力以致命的打擊。」明翼輪[3]意味着損失舷側炮力，再說風帆大戰艦還可以服役多年，所以，到1848年時，德文波特仍有全部使用風帆的、三層甲板的大型戰艦下水。不過這個時候，較小的船上成功地使用了螺旋推進裝置，大型風帆艦隊已經來日無多了。舊時的長期服役的軍隊約有13萬人 —— 1830年時，兵員中42%是愛爾蘭人，14%是蘇格蘭人；在軍餉低下，食宿條件極差的情況下，這支軍隊維持了愛爾蘭和殖民地的秩序。在許多小型戰役中，軍隊擴張了英國在印度的勢力範圍，推進了同印度的貿易，而在1839至1842年的「鴉片戰爭」中則侵入了中國，攫取了非法的經貿利益；當然，此時軍隊代表的已經不是江河日下的特許公司[4]，而是主張自由

2　一般用大寫，the Estimates，即英國財政大臣每年向議會提交的國家財政開支預算。

3　早期的蒸汽動力船(paddle steamer)在兩邊舷側中央有動力驅動的、周邊帶有一圈槳的大輪子(paddle wheel)，而風力驅動的戰艦上，炮眼安置在舷側(三層甲板的有兩排炮眼)。

4　與印度和中國有關的特許公司是1600年成立的東印度公司(1874年解散)。早期英國開拓殖民地和對外貿易活動都通過類似的特許公司進行。

貿易的商人的利益。

撤出歐洲

英國從歐洲事務中抽身也從外交上反映出來。打敗拿破崙後，歐洲大陸的保守派領袖，尤其是俄國沙皇亞歷山大一世(Tsar Alexander I of Russia)，力圖通過經常性的大國協調會議建立一種歐洲的合作制度。但是，甚至早在1814年時，英國的外交家就更願意通過傳統的權力均衡方式取得安全保障，哪怕這意味着重新扶植起法國作為平衡俄國勢力的砝碼。在1814年到1848年的大部分時間裏，英法之間都維持着一種心照不宣的協約關係，但1830年時，這種關係曾受到干擾。那年，信奉天主教的比利時脫離荷蘭，看樣子它可能會落入法國的勢力範圍。後來找到了解決問題的方案：比利時保持中立，新王室同英國有密切關聯 —— 這一切都由1839年的倫敦條約確立下來，得到保障。1914年8月，德國違背了這個條約，致使長期的和平局面告終[5]。

英法之間的其他問題因同土耳其帝國[6]的不斷衰

5　法國曾佔領比利時，拿破崙戰爭後，根據國際條約，比利時劃歸尼德蘭王國(荷蘭)。比利時不願意接受新教統治，始終進行反抗，歐洲各強國均想插手。英國為保證自己的根本利益，主張比利時獨立和中立，並於1839年與其他四國用條約形式確定了這個安排。亦見第二十四章「戰爭爆發」一節及有關註釋。

6　即奧斯曼帝國，或稱奧托曼帝國(the Ottoman Empire, 1290–1922)。

落攏在一起，就沒有那麼容易解決了。英國希望維持土耳其帝國，以緩衝奧國和俄國在巴爾幹的擴張。這個時期，帕默斯頓子爵（Viscount Palmerston）在大部分的時間裏都是最具影響力的人物。1830年，已46歲的他才剛剛步入外交界，就神不知鬼不覺地擠入了白廳那髒兮兮的外交部（其權力鼎盛期也不過只有45個僱員），並一呆就是三十多年，發揮了舉足輕重的影響，奉行了一種富有侵略性的愛國主義、然而在一定限度內仍不失為自由主義的政策。不過，1847年時，在歐洲名氣最大的英國政治家並非帕默斯頓，而是自由貿易的使徒理查·科布登[7]。他在歐洲的一個個首都受到款待，而他的東道主全都相信一件事，那就是保守的君主政體行將就木，自由主義的時代已經曙光在望。

革命之年

1848年初，馬克思和恩格斯在倫敦起草了《共產黨宣言》，代表德國的一個社會主義小組預言歐洲將爆發革命，革命的領導者將是最發達的資本主義國家裏的工人。2月24日，巴黎起來反對路易·菲利普（Louis Philippe），接着，柏林、維也納和意大利諸國也爆發了革命。然而英國卻沒有跟進。4月14日，當憲章運動者聚集在倫敦進行最後一次大規模請願活動時，

---

[7] 理查·科布登（Richard Cobden），下院議員，曾反對對華侵略戰爭，主張和平和國際合作等。參見第六章「反穀物法聯盟」一節。

也曾出現短暫的恐慌；有一萬名臨時警察[8]宣誓上崗，內政部還買通電報局，令其在一周內不准憲章運動者使用電報。因中產階級的志願大軍曾充當了歐洲大陸起義的先鋒，故警察有可能比憲章運動分子更令人擔憂。但是這些警察卻絕對忠誠，於是革命成了在別的地方發生的事情。坎寧頓公地上憲章派的人群散去，議會笑着看到了大請願的結束。

然而，歐洲也沒有重演1793年的情景。巴黎的共和政府希望維持與英國的協作關係，對國內的激進分子毫不手軟，也不打算輸出革命。[9]帕默斯頓並不希望改變大國均勢，但更偏向於立憲政體，主張奧地利從意大利撤軍。這種溫和政策不怎麼成功，英國未能保住自由主義者一時獲得的成功。在匈牙利和奧地利方面，土地改革贏得農民支持，加上俄國的援助，使得匈牙利垮臺了，奧地利可以騰出手來管別的地方了；就這樣，舊制度又回來了。但是現在奧地利已經面臨崩潰，俄國在東歐地區取得了令人憂慮的支配地位。[10]

8　英國在緊急時期協助維持社會治安的特種警察(special constables)。

9　1848年的法國革命主要因國內階級矛盾引起，是日益壯大的富裕的城市中產階級為爭取更多的政治、經濟權利而進行的鬥爭；革命中，奉行自由主義的中產階級與城市工人階級的反資本主義剝削的社會主義綱領發生衝突，故中產階級聯合右翼民族主義分子鎮壓工人，以維持自由資本主義經濟的社會秩序和法國的民族主義。

10　除了匈牙利以外，歐洲各地的革命風潮在半年左右的時間裏就先後被壓下去了。奧地利的哈布斯堡王室的主要對立面是受到它統治的不同民族。匈牙利的最大民族是馬紮爾，他們反抗激烈，提出了許多政治

改革方案（「四月法律」），尤其是堅決主張民族獨立（雖然他們在內部對克羅地亞等少數民族採取了沙文主義態度）。1848年底，奧匈軍隊終於正面衝突，匈牙利革命軍隊堅守在東部地區，並於1849年4月宣佈匈牙利為獨立的共和國，廢除奧皇。奧軍增兵匈牙利，並於6月請出俄國軍隊從東面亦即背部襲擊革命軍，終於擊垮了革命的匈牙利。此後奧皇對匈牙利分而治之，但也採納了一些改革建議，如1848年奧國議會就通過議案，廢除農奴制度，使農民能獲得一些土地，而地主的損失也可從國家得到補償。五六十年代，到處有民族獨立戰爭，奧國四面受敵，才又同匈牙利達成妥協，於1867年成立奧匈帝國。

第十章
融合

穀物法的廢除，1848年緊急事態的妥善處理，鐵路的迅速發展等等，不僅使經濟好轉有了更大的希望，而且新的政治共識也為經濟好轉奠定了堅定的基礎。農業利益集團受到遏制，但高效的農業生產也使它們經受住了外國的競爭。與此同時，資產階級意識到，他們既需要和老的統治集團聯合起來控制產業工人，但也需要對工人作出一定的讓步，以避免爆發政治動亂。在這樣的社會背景中（尤其是同紡織業比較之下），鐵路、蒸汽機和電報都極為有用，魅力十足，成了吸引眼球的工業化的廣告。它們所起的作用是將土地、商業和工業拉到了一起。它們尤其讓律師們發了大財。

漸進的改革

到了19世紀50年代，法律已經將勞工階級或至少是勞工領袖們「融合」進來。由技師和木匠等技術工人組成的「新型」工會不再竭力要求國家採取斷然的干預，而是要求合同上的平等權利。他們不再進行公

眾示威，而是通過對兩黨議員有策略地施加壓力而發揮作用。他們在程序上和形象上摒棄了舊時類似陰謀團體的盟誓和種種神秘主義的形式，幾乎學究式地恪守着法律條文；他們十分在意捍衛自己作為勞工階級上層人物的尊嚴。

經濟理論和社會理論也朝着「融合」的思想發展。更早些時候的古典經濟學具有顛覆性，並持悲觀主義態度；其中的一支在馬克思的手中發展起來，仍然保持顛覆性和悲觀主義。但是穆勒(John Stuart Mill)在他1840年的《邏輯學》和1848年的《政治經濟學》中，則將功利主義同漸進的改革以及同情溫和勞工領袖的目標調和起來。穆勒驚訝地發現，他那大量借鑒了聖西門(Heri de Saint-Simon)和孔德(Auguste Comte)之法國社會學傳統的《邏輯學》，居然成了古老大學裏的正統，當時那些大學正在從牛津運動的創傷中恢復元氣。不過，穆勒這位「理性主義的聖徒」也正因其對英國浪漫主義詩人的熱愛，才終於使他那種混合了功利主義、倫理個人主義和改良派「社會主義」的思想能夠被體制內的改革者所接受。這些改革人士在19世紀中葉迅速發展起來的、品位甚高的文學評論雜誌上著文，使穆勒的思想廣為人知。

在準備參與政治融合體的人的眼中，「法治」卻遠非完善。將「法治」一語用於19世紀政府的艾·凡·戴西(A. V. Dicey)後來在60年代寫道，「作為約

圖7 奧·韋·諾·皮金在他的《對比》（1840年）[1] 中描繪的一座工業化城市，書中這位仿哥特建築的大師抨擊了古典建築，宗教上的離經叛道（圖中顯示的就有不止9個宗派的禮拜場所），還有那些陰沉的、機器般的建築所體現的工業社會的冷漠無情。圖下方的監獄就是傑里米·邊沁提倡的一種環形監獄。

1　皮金（Augustus Welby Northmore Pugin, 1812–1852），從小隨父親（法國移民）這個哥特建築模型家學習繪製哥特建築，並在歐洲各地有廣泛見識；1834年皈依天主教後更是堅持唯有中世紀的哥特建築才代表基督教的優異，而古典、新古典建築醜陋低下，是異教的東西。1836年自費出版的《對比》就是兩種建築樣式的一系列對比圖示，並有文字說明，立場鮮明。此書產生很大影響，是維多利亞哥特復興的重要作品，也開創了建築道德批評的先河，羅斯金的《建築的七盞燈》等明顯受到他很深的影響。皮金短短的一生擔任過近70所教堂等建築的設計、施工、裝飾工作，在重建被大火燒毀的英國議會大廈（威斯敏斯特宮）的設計和裝飾中起了重要作用。

翰·史密斯的約翰·史密斯是壓不下去的，然而作為
技工的約翰·史密斯卻會受到壓制。」不過，他期望
選舉權的擴大將會終結這種不公正 —— 而這點後來基
本上做到了。

「法律以外的」[1]

那麼，還有哪些人仍身處「法律以外」？愛爾蘭
人以前受到了太深的傷害，奧康奈爾留給新一代愛國
者的遺產就是「撤銷聯合」[2]。儘管信奉天主教的中產
階級就像蘇格蘭人一樣，實際上迫切希望能在不列顛
的現有社會體制中找到適合自己的生存空間，但愛爾
蘭民族主義者卻因大饑荒而變得更加好鬥，後來他們
還得到已經移居美國而心懷怨恨的同胞的支援。在各
個殖民地定居的人可能為自己在當地移植了英國的體
制而感到自豪，可是殖民部很清楚，拓居者有關法律
的觀念中根本沒有當地人的權利這一說。當法庭支持
了廣教會派那套模糊的、包容一切的教義時，無論高

1　《聖經·新約》中有不少without the law的提法，意思是「沒有律法
的」（人/民族/國度），「律法以外的」。如《羅馬書》：「凡沒有律
法犯了罪的，也不按律法滅亡。凡在律法以下犯了罪的，也必按
律法受審判」（第2章12節）；「但如今神的義在律法以外已經顯明出
來，有律法和先知為證」（第3章21節）；《哥林多前書》：「向沒有
律法的人，我就作沒有律法的人，為要得沒有律法的人」（第9章21
節）。本節中主要應指尚未獲得法律賦予的權利和責任的人。

2　指撤銷1801年愛爾蘭（議會）併入聯合王國（議會）的法案。參見第四章
「與法國交戰」一節。

教會派還是低教會派都是滿腹怨言。他們雖然扳不倒廣教會派，但其影響力卻能給維多利亞城市的概貌和宗教虔敬活動留下不可磨滅的印記。

有知識的人早在1859年達爾文的《物種起源》問世之前很久，就接受了政治和社會進化的觀念，如丁尼生說的，「自由緩慢地向下擴展／從一個判例到又一個判例」[3]。卡萊爾雖說對自由主義並不友好，但他對自立精神和工作倫理的讚譽使個人主義獲得了近乎宗教的品格。約翰·斯圖爾特·穆勒成為維多利亞中期自由黨的棟樑之材，他的古怪[4]只在於他表達了這樣一種意願——要將「融合」延伸到政治無視其存在的人口的另一半，即婦女（她們在公民和法律權利方面的平等待遇變化緩慢，不過，在19世紀50年代裏，進步已經開始加快了）。還有兩位智識之士有更多的困擾不安，其態度很難一言以蔽之。約翰·羅斯金（John Ruskin）這位「牛津畢業生」所寫的《現代畫

3　出自丁尼生的詩《你問我，為甚麼》（*You ask me, why, tho' ill at ease*），第11–12行。該詩可能寫於1834年，於1842年首次發表。

4　「古怪」，此處的英文形容詞eccentric應來自穆勒在他著名的《論自由》（1859）中的一個重要觀點，即為了防止民主社會中多數人實行強行趨同的「暴政」，保持社會的活力，應該保護少數人的意見，甚至可以說，人應該「古怪」才對。穆勒所說的eccentricity，與一個平庸社會中的「天才，思想的活力，道德勇氣」等指標有關，參見J. S. Mill, *On Liberty*, ed. Currin V. Shields (Upper Saddle River, NJ: Prentice-Hall, 1956) 81–82頁。此處所指，是他在泰勒夫人的影響下，在議會提出婦女權益的議題，見他於1869年發表的《論對婦女的統治》。

家》在1843年造成轟動。雖然和歐文相比，羅斯金直接的政治影響微乎其微，但是他對貴族的尊重同他在經濟和環境問題上越來越具有顛覆性的觀點結合在一起。至於狄更斯，沒有人比他更激烈地抨擊了司法的延宕和不公，然而也沒有人比他更憂慮革命和無法制的後果：前者有「彎彎繞繞事務部」，泰特‧巴納克爾們[5]，莊迪斯訴莊迪斯案[6]，但另一方面，也有與之相當的斯萊克布里奇(Slackbridge)，德伐日太太(Madame Defarge)和比爾‧賽克斯(Bill Sikes)[7]。不過，戴西的意見大致是正確的：在經過比較權衡之後，他將狄更斯放在了沙夫茨伯里[8]一邊，作為推動公眾輿論走向「積極」改革立法的力量。

小説與歌謠

好戰的不從國教者和老的激進分子有自己的世界觀，同體制內的作家的見解差異甚巨，但後者也向他

5　出自狄更斯的小說《小杜麗》，諷刺文官制度改革前英國政府部門繁文縟節的官僚作風。巴納克爾的原意是「藤壺」，一種緊緊附着在船底或岩石上的海洋甲殼類生物，狄更斯將佔着位置卻不幹任何實事的政府部門官員取名為泰特‧巴納克爾(Tite和tight同音，緊貼，緊附的意思)，比喻政府官員當閒差，做社會寄生蟲的生活。

6　狄更斯的小說《荒涼山莊》中所描述的英國衡平法院(大法官庭)中一椿久拖不決的案子。

7　狄更斯的小說《艱難時世》、《雙城記》和《霧都孤兒》中的人物，分別是工會組織者、法國革命者和盜賊，均是比較負面的形象。

8　參見第七章第二節「衛生改革」中提到的阿什雷勳爵。

們伸出了觸鬚。19世紀40年代，中產階級閱讀着「工業小說」，如迪斯累里的《西比爾》等作品對大城市的情況既感到擔憂也十分着迷，試圖將城市的問題人格化，並用個人主義的道德去化解問題。但是蓋斯凱爾夫人(Mrs Gaskell)的《瑪麗·巴頓》和金斯利的《艾爾頓·洛克》卻不能給人以這樣的確定性；對於小說中最有英雄氣概的人物來說，最實在的解決辦法只有移居他國。《艱難時世》中，當需要考慮怎樣改善焦煤鎮居民的未來的時候，狄更斯便從對曼徹斯特的那種卡萊爾式的辛辣諷刺筆鋒中退縮了，無力再繼續下去。

　　然而，焦煤鎮卻不大有人會花時間或花錢去閱讀文人心目中對他們苦難的構想，況且他們究竟讀些甚麼東西也很少為人所知，雖說文學激進分子被中產階級閱讀大眾所接受同化，但他們顯然會對勞苦大眾的閱讀產生影響。梅休(Mayhew)這位《記事晨報》的社會調查人差不多是將科貝特和威廉·哈茲里特(William Hazlitt)的新聞工作傳統堅持到了19世紀60年代[9]；可是出自同樣的反世俗圈子的狄更斯則拋棄了這一傳統。我們知道，工會組織中的「勞工貴族」閱讀那些地位比自己高的人希望他們讀的東西；我們知道，信奉宗教的人仍在讀着他們的《聖經》和《天路歷程》；但是說到「粗人」，「小酒館社團」，他

9　《記事晨報》(*Morning Chronicle*)，1769年創刊的輝格黨報紙，1862年停刊。哈茲里特曾為之寫作。科貝特參見第四、五章。

們讀些甚麼我們知道嗎？在漁港、在織工中、在農莊上，民間口頭文學仍流傳了下來並繼續發展着。19世紀後期，一個美國教授發現，著名的英格蘭民謠中有三分之二仍在蘇格蘭東北部的鄉鎮上傳唱着；當地還有更加平民化的「茅屋歌謠」在農夫和車夫中傳播著有關農場主的種種消息；而「騎手閒話社」則保持了一種樸素卻實在的工會主義。

喬伊斯·卡里(Joyce Cary)的小說《若不是耶和華》(1953)寫一個激進的政治家在維多利亞中期度過的青年時代。卡里讓他的主人公切斯特·尼莫(Chester Nimmo)走進一個遊樂場的帳篷，戲班的演員正在表演《瑪麗亞·馬登，或紅穀倉謀殺案》，那是大體上根據1830年「斯溫船長」起義前夕發生的一樁真實謀殺案改編的情節劇，在19世紀是個常演不衰的劇目。下面就是尼莫的反應：

> 我們看的這齣戲，數百萬人看過的這齣戲，講的是富人對窮人造成的種種痛苦中最最殘酷的傷害。全劇竭盡所能地表現了窮人的美德、純潔和無助，以及富人那毫無節制的殘忍和無情的自我放縱。
>
> 而這只是一齣戲，類似的戲劇還有好幾百種。我常常覺得納悶，這樣的宣傳怎麼就沒有在英國引起流血的革命呢，就像在法國、意大利、德國，幾乎所有別的國家那樣？這宣傳的力量是驚人的啊。我說過了，它對我的人生起了決定性的作用……

作為一個敏感的有歷史意識的小說家，卡里似乎在這裏覺察到一種深深的怨恨和痛楚，這些可以被正規的勞工階級政治的體面名聲和自助風尚所掩蓋，然而，無論是政治「融合」，一排排整齊劃一的衛生條件不差的工人住宅，越來越富裕的非國教的教堂，還是仍緊鎖着的禮拜日公園[10]，全都無法撫平深處的傷痛。

10　英國中下階級中大多為不從國教的基督徒，19世紀時，受清教影響很深的各教派和國教內的低教會派主張堅守安息日，即星期日應該是「心智、道德的更新之日」，只能上教堂和主日學校，研習聖經，檢討自己，必須嚴禁一切商業、工作、旅行和娛樂活動；星期日甚至不准許遞送郵件，圖書館和博物館不准開門，更毋庸説戲院、公園等遊玩場所了。雖然維多利亞時期，守安息日在英美均已體制化，但工商業的發展和消費社會的興起，終於使這個習俗走向衰落。

第十一章
自由貿易：不受節制的工業經濟

　　1851年的大博覽會展示了聯合王國在世界市場中的優勢地位，當然，展會上有許多歐洲大陸的，尤其是德意志諸邦國的產品，其優異的技術品質也讓細細察看的英國廠主們不由得駐足思量。由宮廷贊助發起並由貴族組織的這次博覽會，反映出英國致力於經濟進步、從而也致力於自由主義事業的決心。博覽會點燃了公眾的熱情。一列列特別火車則滿載着遊客從全國各地駛往倫敦；對許多普通人而言，這是他們平生第一次坐火車來到倫敦，參加漫長的、讓人疲憊不堪卻也興奮不已的一日遊。博覽會的成功令那時的人驚訝。報上每天公佈參觀人數，到展會結束時，共售出600萬張票，有一天竟有10多萬人參觀了「炫目的透明玻璃大拱」——那座設在海德公園內的、由約瑟夫·帕克斯頓(Joseph Paxton)設計的展覽館：「水晶宮」。展會豐厚的收入後來用於建造南肯辛頓的博物館。巨大的人群舉止得體，公開擁戴君主政體。有產階級人士感到慶倖：19世紀40年代那種緊張不安的、隨時會爆發衝突的氛圍已成過去，50年代的氛圍趨於平

靜，而到了60年代，已經是一派自信的聲音了。博覽會上出售的一首街頭歌曲就突出表現了工匠的自立精神、自由貿易的國際眼光和君主政體沙文主義的奇特混合，其用語定下了19世紀後半葉英國公眾生活的基調：

> 哦，英國最大的財富
> 當然是誠實的勞工……
> 看到數千人聚在一起，
> 不分宗教或地域，
> 友好地互相問候，
> 是一種輝煌的景象。
> 如同大家都是一個強大祖先的子孫，
> 願這神聖的聯繫永不終止。
> 願沾着鮮血的戰爭之劍
> 讓位給和平的橄欖枝。
>
> 但是聽啊！號角聲響成一片，
> 維多利亞女王真的來了。
> 我們首要的祝詞就是
> 願她為我們而長壽。
> 我相信每一顆心，它會響應
> 我下面的祝願——
> 讓她的朋友們發達，繁榮，
> 讓她的敵人見鬼去吧。

不少像這樣的歌曲的語調說明亨利·坦普爾(Henry Temple)，即帕默斯頓勳爵是多麼深得人心。當1852年組成的阿伯丁勳爵聯合政府陷入同俄國的克里米亞戰爭(1854-1856年)，並因戰果不利被披露而解散時，帕默斯頓從其廢墟上冒出來，擔任了首相。從這時直到他於1865年去世期間，除了一次短暫的間歇外，他始終在首相的位置上，領導着自由黨聯合政府。帕默斯頓象徵着英國這唯一世界大國的膨脹的自信心；他集貴族、改革家、自由貿易商、國際主義者和狂熱的愛國主義者等多種角色於一身，並成功地同時扮演了所有的角色。

1851年的共識

在1851年的大博覽會上所顯示出來的那個社會在同一年進行的人口普查中更是得到了統計學的分析。有兩個事實抓住了公眾的想像力。聯合王國本土上，城鎮(儘管往往是規模很小的城鎮)的居民數第一次超過鄉村居民數，從而同過去和任何別的經濟體形成了鮮明的對比。自由貿易運動不是預料到，而是伴隨着英國經濟投向了基於城區的製造業、運輸業和服務業。19世紀20年代時，自由派的托利黨人還幻想着能使經濟在農業和工業之間多少取得平衡，可隨着自由貿易黎明的到來，這個夢想已經被人遺忘。農業無疑仍然是最大的一種產業，在五六十年代，農業生產的

能力和產量也確實有了顯著的提高。然而，人口的增長發生在城鎮，勞動者離開土地進入了城市。

19世紀70年代中，隨着北美大草原的開發，農業面臨着危機，可這時為農業辯護的人卻寥寥無幾。70年代發生的「田頭造反」是椿錯綜複雜的事件：當薪水下降時，失業的勞動力奮力地組織起來，而治安官和農場主則調軍隊來收割莊稼。其實到了19世紀50年代，英國 —— 尤其是英格蘭北部和中部，南威爾士和蘇格蘭南方 —— 並非通過有意識的政治決策，而是通過亞當·斯密所說的世界貿易那隻「看不見的手」的作用，乘坐上了國際資本主義的過山車；搭車行路者除了眼前突高突凹的急遽變化，甚麼也看不見：前方是從未走過的路。城市國家沒有先例。這可能就是為甚麼英國如此執着於鄉村的形象和傳統的原因。

1851年人口普查吸引當時人們關注的另一項統計是它所揭示的宗教狀況。這是唯一的一次力圖評估英國人參與或不參與宗教禮拜活動情況的人口普查。關於統計數字有分歧和爭執，但是其要義卻不容置疑並令人驚訝：只有一部分英格蘭人和威爾士人去教堂，而英國國教信徒在全體做禮拜的人中只勉強佔多數。在17,927,609的總人口中，各大教派中做禮拜的人數為：

英國國教	5,292,551人
羅馬天主教	383,630人
新教中的非國教宗派	4,536,265人

在可能去教堂做禮拜的人中，有超過525萬人呆在家中。這次普查是非國教教徒的勝利。他們聲稱自己有更廣泛的政治代表性和關注度，現在這一宣稱已得到「事實」的支撐，而「事實」則是維多利亞中期的武庫中最強有力的武器，對此狄更斯筆下那個蘭開夏郡製造業主葛擂更(Mr Gradgrind)[1]十分贊同。

於是，19世紀50年代，英國越來越城市化，或許還越來越世俗化，當然整體感覺上也越來越非國教化。維多利亞中期的政治反映出這種種傾向，它們全都朝向自由主義。

自由主義

1847至1868年間，托利黨(1846年的分裂[2]之後，托利黨中的剩餘部分作為保護貿易主義者離開了該黨)一連6次大選失利(分別為1847、1852、1857、1859、1865、1868年)。托利黨大選失敗是明確的，但是究竟誰贏得了大選就不大好說了。多數黨政府依靠的主

1　葛擂更是狄更斯的小說《艱難時世》(*Hard Times*)中偏執奉行功利主義理念的商人、議員，他注重實際到了扼殺心靈的地步，在礦區開辦的子弟學校稱為「事實學校」。

2　參見第九章第一段關於取締穀物法引起的保守黨分裂。

要是四個方面力量的支持：輝格黨，激進分子，自由主義者，皮爾黨人(1846年追隨皮爾的人)。這樣的支持者總是很容易散夥。經典的維多利亞中期社會的政治模式就是由上述四種派別或其中的大多數派別組成聯合政府，搞折中妥協，討價還價，直到有一天互相無法取得一致，就到了崩潰的地步：於是在不解散議會的情況下政府下臺，然後由托利黨組織起少數黨政府，在此期間非托利黨的黨派解決了他們之間的分歧，挫敗托利黨，強行解散議會，贏得大選，重新執政。這一總的模式解釋了何以出現1852、1858–1859和1866–1868年的托利少數黨(德比/迪斯累里)內閣。

1848至1868年間的政治體系就這樣既將托利黨排除在權力之外，卻又讓其在一些時期內臨時組成少數黨政權。在同一時期，由阿伯丁勳爵在1852年首先組閣的多數黨聯合政府也漸漸地融為一體，成為「自由黨」；儘管如此，即使到了60年代，在這個聯合體已經通常被稱作「自由黨」的情況下，它仍然具有分裂傾向，動輒解體。行政班子則以輝格黨人、皮爾黨人以及帕默斯頓勳爵為主。在很大的程度上，他們是靠容忍進行統治的。19世紀40年代，反穀物法聯盟所體現的中產階級政治意識的高漲使政治家清楚地看到，要維持老的政治架構，唯有對中產階級的期待作出讓步妥協。1853至1855、1859至1865年間，皮爾黨財政大臣格萊斯頓提出一系列大型預算報告，力圖從財政

方面滿足這樣的期望。製造業界想要自由貿易權，格萊斯頓就確保他們得到貿易自由。

「自由貿易」

「自由貿易」的意思當然比起單純的取消貿易保護關稅要複雜得多。「自由貿易」或「自由放任主義」(laissez- faire)只是簡略的用語，它們所代表的是政治、社會和經濟組織方面的一整套基本原理。1848年，約翰·斯圖爾特·穆勒的《政治經濟學原理》堪稱維多利亞中期自由主義的指南，它言簡意賅地點出了要義：「總而言之，放任自由應該成為普遍的做法：任何偏離此做法的行為，除非是出於某種大善的要求，否則肯定是惡行。」這套原理設想的是國家應該靠邊站。穆勒等人分隔「國家」和社會的做法，是基於個人能夠、並且應該特立獨行的認識預設。個人主義、自尊、自立、組織各種自願捐助和合作的社會團體，這些都是維多利亞中期自由主義的主導原則。由此，應讓經濟自行調節，而一個個手捧塞繆爾·斯邁爾斯(Samuel Smiles)《自助》一書(1859年)的人，無論他們是消費者還是生產者，都應該有充分的自由，在經濟活動中按自己的所能朝前走。

這種個人主義觀念因廣為流傳的社會進化論著述而獲益。查爾斯·達爾文的《物種起源》(1859年)並非突如其來；它自然而然地匯入已有的論進化的文

字，並且超越了其他同類著作。無論從個人的，國家的或是世界的層面看，進化的概念，以及隨之而來的「進步」的概念，都漸漸滲透進維多利亞生活和思想的方方面面。進化既然由科學規律所決定(這個觀點通常被表述為「實證主義」)，於是人類的責任就是要發現並遵循這樣的規律，而不是干預規律。就這樣，大多實證主義者(如擔任很有影響的週刊《經濟學家》編輯的沃爾特・白哲特[Walter Bagehot]，還有寫了許多社會學著作的赫伯特・斯賓塞[Herbert Spencer])都強烈支持自由放任主義。

免徵知識稅

個人想要有所作為，必須要有知識儲備和訓練，因此對於自由社會說來，至關重要的是知識的可用性和評價知識的自由。道德選擇必須是有見識的選擇：喬治・艾略特(瑪麗・安・埃文斯)小說的主題就是在富有人類同情心的環境下的自我意識和自我發展；她本人的一生所見證的，不僅是維多利亞中期社會中自由精神的釋放，也是其經歷的磨難。

1855年和1861年兩次取消「知識納稅」(報紙印花稅及紙張關稅和消費稅)的舉措集中體現了備受重視的自由主義法規。廢除了知識稅，才可能出現大城市和地方上的自由報業，而自由報業的現象正是自由主義英國的縮影，也是其保障。19世紀五六十年代，

尤其是地方的日報和星期日報驚人地發展壯大，佔壓倒多數的報紙在政治和一般觀念上都是自由主義的。到1863年時，英國的報紙已經超過1,000家，其中絕大多數都是新近創辦的報紙。例如，在約克郡，1867年的86家地方報紙中，1853年後開辦的就有66家。在倫敦，《每日電訊報》於1855年再次創業，成為一便士日報和自由主義報紙的旗艦，1871年的發行量幾近20萬，大大超過了《泰晤士報》。新辦的地方報刊比照着《每日電訊報》的感覺，毫不掩飾地熱情鼓吹進步主義。下面的這篇評述1862年格萊斯頓巡視紐卡斯爾造船廠的社論就是個典型的例子：

> 如果我們為德比勳爵[托利領袖]獻上一朵政治三色堇，並告訴他「留個紀念」，那是因為貿易保護主義的兇暴謬誤和瘋狂不可以僅僅由於得到了原諒而被忘卻……自由貿易戴上榮耀的綠色桂冠已有10載，她的手上還握着法國條約[1860年簽訂的自由貿易條約]這一未來征服的象徵，我們總算是將自由貿易請進了永久的神座。

財政政策

到了19世紀60年代，特指不設保護性關稅的自由貿易已經成為英國政治的重要正統信念，幾乎像新教傳統一般不容更改。經典政治經濟學家已經徹底獲

勝，這是因為他們的信仰中最根本的信條已經牢固地確立為一種政治準則，而這條準則已得到如此普遍的承認，以至於只有故意作對或自認死腦筋不轉彎的政客才會否認之。議會中的前座[3]托利政治家很快認識到，如他們還想再次成為多數黨的話，那麼就像迪斯累里說的，他們必須接受保護貿易「不但死了，而且還遭受永罰」的現實。托利黨的預算案變得像自由黨的一樣，無可挑剔地奉行了自由貿易。

教會

在財政政策以外的領域中，人們對於「自由貿易」應該走得多遠的意見就不那麼一致了。19世紀五六十年代，自由主義運動內部的壓力集團在大範圍內倡議「否定」性的自由貿易措施，例如撤銷國立教會，取締強制性的教堂稅，廢除就任牛津、劍橋職務及公職時的宗教宣誓[4]，撤除對轉讓和使用土地的限

3　議會的議席分左右邊，各坐著執政黨(右邊)和反對黨(左邊)，兩邊坐前排的是資深議員和內閣成員，坐後排的是資歷較淺的議員。

4　17世紀宗教改革後，國教為穩固聖公會(即安立甘宗)的地位、限制非國教的清教派別和天主教的勢力，曾有一系列立法將非聖公會信徒排除在行政和軍隊職務之外，所有出任職者必須進行效忠宣誓，宣佈自己忠於國王，並至少從前一年內起已經參加聖公會的聖餐禮；事實上，是否公開宣誓參加聖公會聖餐已經成為「宗教考查法」(the Test Act)規定的領受公職的條件。此後一兩個世紀，英國實行一定程度的宗教寬容政策，但是宣誓禮仍繼續，到19世紀才逐步真正取締對非國教信徒公民權利的各種法定限制。

制，終止基於恩賜委任的文官制度，等等。除此以外，60年代在各選區中還有要求進一步改革議會的大運動；自由黨議員雖非個個贊同這個要求，但許多議員是支持的。

對這類問題進行立法的自由黨並非現代意義上的「政黨」。它其實是各有其屬的、錯綜的、相互牽連力量的鬆散聯合，其中最基本的一點就是各方都忠於自由貿易經濟。在聯合體內部有多種促成改革的權益考慮，尤其是宗教方面的權益。19世紀60年代的宗教大復興使自由黨內增加了許多宗教活動家，也喚起了他們更大的熱情來抒發己見，積極爭取自由黨的成功。羅馬天主教，不從國教各宗派，甚至連現世主義者都在這場有廣泛基礎的進步運動中找到了自己的聲音——他們對聖公會和國立教會的敵視使得這些聲音形成了共同的強音。整個19世紀中，非國教勢力的聯盟恐怕就是把選票投給自由黨的最重要的社會原因。

然而吊詭的是，自由黨這個聯合體的領導人清一色的全都是國教教徒，當然是比較溫和的主張改革的國教徒。因此，聯合體的領導人和擁護自由黨的更為好鬥的人士之間在改革速度的問題上少不了爭辯。總的說來，帕默斯頓、約翰‧羅素勳爵和格萊斯頓等領袖人物希望有節制地進行適度的改革，那樣大體上會鞏固聖公會的地位；然而基層的激進分子則希望改革一步步走下去，直到最終撤銷聖公會的國立宗教地

位。於是，兩方面能夠達成一致的是諸如取締強制性教堂稅等有限的措施，可在政策的終極目標上卻無法統一認識。這樣的議政方式下達到的最高成就便是1869年時撤除了愛爾蘭聖公會的國定宗教地位。

選舉改革

自由黨內有能夠清晰表達思想的勞工階級成員的參與，尤其是在選區層次上參與，是極為重要的。19世紀30年代和40年代的初期，憲章運動提出的六點要求[5] 按當時的政治狀況看，是不可能被執掌政權的階級所採納的。到了50年代後期，不少從前的憲章運動人士領導的激進的憲政改革運動卻只提出了選舉權改革的要求，即使在這個問題上最多也只是要求將選舉權賦予一家一戶的男性家長（即所謂的「一戶一票」[6]）。

5　參見第六章最後一節。

6　19世紀中葉，household suffrage是一種擴大選舉權的方案，顧名思義似乎是每家每戶都有投票權，可其實家戶的概念首先是對男性戶主而言，女人自然沒有投票權；家庭戶也意味着擁有或租有相對固定的居所，這就排除了英國社會中居無定所的流浪人群（下一段中提到的所謂「社會渣滓」，也就是在社會底層的人）。在羅素和格萊斯頓的議案中，將1831–1832選舉法中規定的住宅本身每年10英鎊的租金底線降至每年7英鎊，表面上是大大降低了門檻，實際上這7英鎊是經過非常細緻的估算的：假如6英鎊年租的住戶就可獲選舉權，那麼選區中必然會造成勞工階級佔多數的局面，而自由黨的領袖只希望勞工中的精英階層「融合」進來。參見H. C. G. Matthew, *Gladstone, 1809–1898*（Oxford: Clarendon, 1997）139–140頁（該傳記作者為本書作者之一）。亦見第十章。

對這樣的要求作出讓步，這對於兩黨（尤其是自由黨）的政治領袖都不是難事。

兩黨想改變現有的選舉制度，也是打着各自的算盤。一些托利黨人思變，是因為他們自1847年以來的經歷表明，在現有的選舉制度下他們不可能獲得大選勝利。包括格萊斯頓和約翰・羅素勳爵在內的自由黨人則想稍許擴大選舉權，以便拉進更多的傾向自由主義的技工，這些都是堅定的個人主義者，會支持自由黨的緊縮開支和改革的綱領。像約翰・布賴特這樣的激進分子則希望實行「一戶一票」制，讓自由主義獲得更加堅定的基礎；儘管如此，甚至激進分子都很快表態，不希望把選舉權交給大家所知道的「底層」（也就是貧民、失業的人、「無用之輩」、身無分文之人）。像羅伯特・洛(Robert Lowe)這樣的自由黨人在普通的立法問題上可以相當激進，但他們並不相信任何走向「民主」的變革，因為他們認為那樣的話，「聰明的階級」就會被淹沒。托利黨人，如日後的索爾茲伯里勳爵[7]等非常害怕「一戶一票」制度會通過增加所得稅等直接稅種的手段侵犯財產權。一些輝格黨人則看不出一個總是能選出非托利議會的選舉制度有甚麼理由要改革。

---

7 本名羅伯特・阿瑟・塔爾博特・加斯科因・塞西爾(Robert Arthur Talbot Gascoyne-Cecil, 1830–1903)，第三任索爾茲伯里侯爵，日後將三度出任英國首相兼外交大臣。他是伊麗莎白時期的重臣、第一任伯利男爵威廉・塞西爾的直系後裔。

帕默斯頓就反映了上述最後一組人的意見，1865年他在沒有許諾進行選舉改革的情況下贏得了大選。同年秋天，帕默斯頓去世。1866年，繼任首相羅素同格萊斯頓一起搞了個主要針對城鎮的極其溫和的改革議案，引起內閣分裂，黨內有一部分人不滿議案太過份，另一部分則不滿議案做得太少，他們都收回了支持。這時第三屆德比/迪斯累里少數黨托利政府[8] 推出了自己的城鎮選舉改革，從而放棄了過去反對改革的立場。

　　某種形式的改革已經成為必然：在迪斯累里出人意料地宣佈自己接受「一戶一票」的修正案時，自由黨已經開始了習慣性的重組；接着選舉法修正議案通過，它在形式上比前一年羅素－格萊斯頓提出的方案更富有戲劇性，也徹底得多。1832年的選舉制度告終，從這時起直到1915年，英國城市政治的界限和範圍已經確立（1884–1885年，類似的選舉權也給予了生活在郡縣的男性）。在1868年極度混亂的形勢下，自由黨似乎再度證實自己在1865年選舉中的優勢地位，以超過對方112票的高票多數贏得了大選。

　　事實上，1867年的選舉法修正案改變了政治遊戲的規則，竟使托利黨成立多數政府的可能性再度出

8　1866–1868年。德比勳爵（其1851年前的稱號是第十四任斯坦利伯爵）和迪斯累里的三次組閣年份見本章「自由主義」一節。德比勳爵第一次組閣時是貿易保護黨的首領。

現。不過，那是1874年在迪斯累里領導下的托利政府，它不想做任何認真的努力去逆轉自由黨在前30年中取得的重大成果，尤其不會更改自由貿易這個核心要件。

第一屆格萊斯頓政府

在格萊斯頓首屆政府（1868–1874年）工作的初期，種種改革壓力達到了頂峰。到1874年時，世紀中葉自由主義提出的許多要求都已經得到滿足。除了撤銷了原愛爾蘭教會的國立宗教地位以外，在19世紀60年代和70年代的早期，自由黨還取締了強制性教堂稅、「知識納稅」、出任牛津和劍橋職務的宗教考查、以及軍職買賣；他們就愛爾蘭的土地、英格蘭和蘇格蘭的教育等問題制定了法律；他們開放了行政服務機構，搞文職人員考試競爭上崗；他們還倡導有限責任的做法，使投資人感到資本主義變得比較安全了——凡此種種舉措之上，自由黨最重要的思慮仍是自由貿易財政、適當的行政決算、最小的預算以及削減費用。

雖然在改革過程中少不了通常的政治較量和磋商，但是改革的洪流並未受到嚴重的阻礙。完整保留聖公會的國立宗教權勢地位曾是19世紀上半葉托利黨最大的號召力，然而這時聖公會的統治地位已經在一定程度上被清晰地有效地削弱了：19世紀30年代時，削弱聖公會的統治還只是激進分子的夢想，可到70年

代已經實現，而且幾乎沒有遭遇明顯的抵制。托利黨還有最後一張牌，那就是不經選舉組成的貴族院，但他們只在很有限的情況下出牌，例如拖延取消紙張稅，推遲取締教堂稅，延緩通過秘密投票制和廢除大學任職的宗教考查。在自由黨的國家大船徹底清洗甲板的時候，有產階級和勞工階級採取了協作態度。

經濟繁榮

「自由貿易」的思潮風行起來時，也是經濟繁榮的時期，這一繁榮期從19世紀50年代一直延續到70年代初期。當時的人認為是自由貿易造就了經濟的昌盛，而經濟史家則對此表示懷疑。或許去除關稅壁壘只對英國經濟產生過很有限的影響，然而，在全國都致力於經濟進步這個更廣泛的意義上，「自由貿易」的優勢地位卻和各階級共有的創業熱情密切相關。

世紀中葉的繁盛反映在數字上並不驚人，而且那時還有輕度的通貨膨脹。但這個時期的長足發展仍有極其重要的意義，因為它似乎表明，在1820–1850年間備受關注的「英國狀況」問題可以，並且正在通過現有社會政治架構內部的市場力量運作得到解決。甚至19世紀60年代蘭開夏郡的「棉花饑荒」造成的困境——美國內戰切斷了南方諸州種植園一直以來對英國棉紡廠的原料供應——都沒怎麼引起持久的政治反響。有產階級感到慶倖，地方立法和自願募捐似乎足

圖8 1888–1889年正在建造的第四座大橋形成了完整的鐵路交通網；90
年代鐵路建設達到頂點。

以讓威斯敏斯特的政府免於承擔蘭開夏勞動力困苦境
遇的直接責任(當然，政府的貸款計劃事實上也起了重
要作用)。

　　同其他國家相比，1850至1870年間的英國經濟在
複雜性及其所涵蓋的產品和經濟活動的範圍來看，都
非同一般。它在煤和鐵這些早期工業經濟的基礎原料
方面有優勢；歐洲大陸的國家為滿足自己搞工業化時
的基本原材料所需，從英國進口煤和鐵，英國因而加
強了這兩種商品在世界上的優勢。一個充滿活力的製
造業部門奮力地向前邁步，從船舶和蒸汽機，到紡織
品，再到裝點了維多利亞家居的林林總總的小商品，

它的產品真可謂包羅萬象；出口商品裝在英國船上運出去，使整個貿易世界都染上了維多利亞色調。支撐這種緊張的工業活動的，是可靠的通貨，以及儘管有故障卻仍不失為比較穩固的銀行系統：從70年代起，銀行在經濟活動中起了越來越重要的作用。

第十二章
人口流動：城市和鄉村

　　1870年時，經濟進步的浪潮造就了一個主要關注工業和城市的國家和經濟體。1851年還有人認為城市發展難以為繼，而事實卻是增強了發展勢頭。到了1901年，英格蘭和威爾士只有五分之一的人還住在可以被稱作「鄉村」的地區，也就是說，80%的人口已經城市化了。這個比例遠遠超過其他任何歐洲國家，並且一直到20世紀70年代都基本保持不變。1901年時，超過5萬居民的城鎮有74個，而在倫敦 —— 維多利亞人稱之為「大都會」 —— 人口則從1851年的230萬人增長到1911年的450萬人（如果算上所有的郊區人口，則達730萬）。

　　發展最迅速的還不是早已建立的利物浦和曼徹斯特等「工業革命」城市，而是像索爾福德這樣的環繞着工業中心地帶的許多城鎮。這種城市無序擴展生成的地區被維多利亞後期的城市規劃理論家帕特里克·格迪斯（Patrick Geddes）稱為「都市圈」[1]：一大片工業

1　"conurbation"現在一般指（有計劃發展的）帶衛星城和市郊的大城市。20世紀初格迪斯對19世紀英國大城市無計劃的發展頗有批評，例

和城市地帶，由區內好幾個城市集合在一起，構成事實上的單一非農業統一體。1911年時，沒有一個歐洲國家有兩個以上的集合城市，而同時期的英國已經有7個，它們分別是：大倫敦(730萬人)、東南蘭開夏(210萬人)、西米德蘭茲(160萬人)、西約克(150萬人)、默西賽德(120萬人)、泰恩賽德(80萬人)和中克萊德賽德(約150萬人)[2]——這一切都出現在1911年時只有4,000萬人口的英國本土。有些城鎮，如生產鋼鐵的米德爾斯伯勒，原先幾乎渺無人煙，在半個世紀內發展到有12萬人口的規模。大多都市圈內都有一個規模可觀的愛爾蘭社群，故他們的政治態度比起其他地方更傾向於「橙色和綠色」[3]。19世紀末時，東歐國家遭遇了嚴酷程度不亞於愛爾蘭饑饉的「鄉村減員」，倫敦和利茲因此又吸納了大量的猶太災民。

如借用前人的語言，說倫敦像長了「息肉」，像「珊瑚礁」等等。參看Asa Briggs, *Victorian Cities* (Berkeley, CA: U of California P, 1993), 12, 34–35頁。

2　這七個都市圈依所提到的次序分別圍繞着倫敦、曼徹斯特、伯明翰、利茲、利物浦、紐卡斯爾和格拉斯哥等七個中心城市發展而成。

3　1848年，愛爾蘭的綠、白、橙三色旗首次向公眾展示；1921年愛爾蘭獨立後三色旗正式定為國旗，而從前愛爾蘭的非正式國旗圖案是一片綠色背景中央的一把豎琴。三種顏色代表了愛爾蘭的政治生態：橙色代表北愛爾蘭的新教(奧蘭治朝的威廉王稱William of Orange，王朝名同英文中的橙色orange；亦可參見第四章「與法國交戰」一節中的奧蘭基社團)，綠色代表愛爾蘭的天主教和主張共和的力量，白色則表明希望各派和解，使愛爾蘭有長久的和平。

城市狀況

　　當然，這樣的城市發展速度，在日後20世紀的不發達國家中將成為普遍現象，然而在19世紀，這速度卻沒有先例。工業城鎮很難籠統地加以概述：各自的建築風格和標準差異甚大，有格拉斯哥堅不可摧的石結構廉居公寓，有次等磚瓦建造的約克郡「背靠背」式聯體房和礦區城鎮的「兩上兩下」式蝸居，[4] 還有市郊中上階級和中下階級中規中矩的住宅。所有這些住房有個共同點，即它們幾乎都是有租契的或付租金的住房；居住者擁有房產所有權的情況雖說到了世紀末漸漸多了起來，但在當時甚為鮮見。有些地方的市政會關心市民福利，城市就規劃得很好，有公園、圖書館、音樂廳和公共浴室。還有一些城鎮則完全任由投機建築商擺佈了。

　　這些大城市地區的發展中，鐵路起了決定性的影響。鐵路交通首次創造出一個全國一體化的經濟。火車站和列車編組場佔用的城市空間改變了市中心的面貌；鐵路提供了從郊區到市內的便宜交通方式，使得境況較好的人有可能離開市中心而在效外居住；也是鐵路使煤煙籠罩一切。污穢和喧鬧是維多利亞城市的特徵 —— 火車、工廠和住家的煙囪，還有馬，都在製

4　聯體的「背靠背」式住房往往和隔壁緊鄰共有三面牆（有時後牆緊貼工廠的牆根），兩家合用一個煙道，缺少門窗，照明和通風條件差。「兩上兩下」指兩層樓、每層一前一後兩室的住宅。

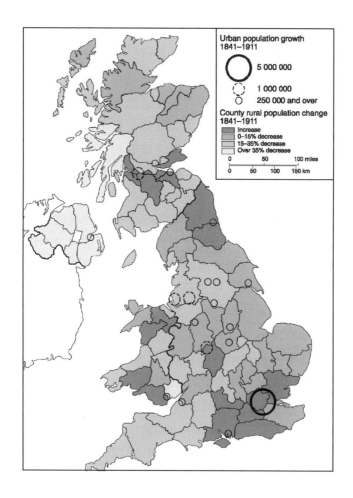

地圖3　城市人口增長，1841-1911年

造齷齪的城市，而在圓石路上奔跑的大車、馬車和馬則使噪聲不絕於耳。20世紀初，當機動車開始代替馬的時候，人人都注意到，和過去比較，市中心已變得多麼安靜和乾淨。

但是，喧鬧聲、骯髒、居住條件差等等，都和人們對現存環境的適應性有關：經過很緩慢的過程，人們才漸漸有了改善城市生活環境的強烈需求。對許多維多利亞人來說，生產本身就是其存在的正當理由。這種觀點在佛洛倫斯·貝爾夫人[5]的書中得到了充分的表達。她的《在工廠》是研究典型工業城市米德爾斯伯勒的經典著作，整個米市從事的唯一活動就是冶鐵：

> 米德爾斯伯勒沒有浪漫的過去，沒有莊嚴的傳統，因此，這飛速的巨大的發展就給了它別樣的浪漫和別樣的尊嚴；那是力量的尊嚴，是沒有歷史的根基、不靠時間厚重的基座支撐、而純粹憑着自身的力量拔地挺立的尊嚴……雖說它可能缺乏古跡的魅力與美色，然而沒有一座製造業城市……會缺乏自己獨特的意趣和風景……冬日下午的煙霧中隱現出的高聳的煙囪，粗笨的窯和熔爐，如同建築物的塔樓和尖頂。要觀看一座冶鐵城，要趁黃昏和夜晚：白天看是煙雲柱，到了夜間就成了火焰柱。

5　貝爾夫人(Lady Bell)的丈夫休·貝爾爵士是米德爾斯伯勒最大的鑄鐵廠主。

圖9　維多利亞時代的折中主義：1868年大選時伯明翰的廣告。

　　城市的動能在大博覽會後的20年間也在鄉村反映出來，博覽會上展示的機械起了一定的激勵作用。投資搞化肥、排水系統、建築、收割機和脫粒機等農業機械，以及和新修鐵路連接的道路建設等等，這些「高級農作」的實施本身顯然駁斥了所謂自由貿易將導致鄉村毀滅的說法。其結果是，不僅在物質上，也在精神層面大大推動了現代化。許多人倒向不從國教派，一些人甚至信奉起物質至上主義，在這種情況下，就連鄉村都出現了擔憂傳統宗教難以為繼的情緒。

農業蕭條

充滿活力和積極進取精神的一代農業人贏得了財富，過着特羅洛普的巴塞特郡小說系列中描繪的那種安謐的、悠閒的郡縣上層社會生活。1868年，聯合王國80%的糧食消費仍由本土自給。然而，儘管有了「高級農作」，許多地區，尤其是愛爾蘭和蘇格蘭的鄉村，仍然是令人遺憾地匱乏資金投入。直到20世紀初期，蘇格蘭高地的北部和西部地區一般仍使用人力耕地和人力揚穀。

19世紀70年代，連年歉收，北美大草原的開發，加之從那裏以及海外羊毛產地到英國的海運更快捷更便宜等因素，引發了「大蕭條」的局面。只有牛奶、乾草和麥稈兒產品沒有受到外國激烈競爭的衝擊。具體說來，糧食價格大降，打擊了英國以產糧為主的東部地區；可是農場主，尤其是小農場主卻在很長時間裏不願接受糧價會一直低迷的現實，或者也無法順應對奶產品的新需求。畜牧業為主的西部地區受到的影響則不那麼嚴重。

隨着城市的發展，農業在經濟中的比重下降了，而農業的蕭條更使其下滑加速：1851年時，農業佔國民收入的20.3%，而到了1901年時只佔6.4%；英國的食品和羊毛等農業原料已大半靠進口，正是這一事實將會大大影響戰略決策。保護農業的呼聲甚至在托利黨內部都引不起多少反響，當然就絕對談不上會改變自

圖10　農業不景氣。1874年，多塞特郡米爾波恩‧聖安德魯的農工因參加約瑟夫‧阿奇的全國農工聯合會而被掃地出門。

由貿易的財政制度。一些自由黨的土地改革者認定不搞保護主義是天經地義的事情，他們鼓吹用小農場的方式解決問題（1885年發起了「三英畝地加一頭母牛」的運動）。為蘇格蘭高地設立的小佃農委員會（1886年）得到授權，建立不受地主干涉的小佃農團體，[6] 這是英國本土土改取得的唯一實質性成果，然而從其長遠的成效看，也是很顯著的成果。

6　蘇格蘭高地的土地所有者為追逐利益，越來越將佃耕的土地收回挪作他用，造成可耕地匱乏。在佃農的努力下，1886年通過一項法案，使小佃農的土地使用期限得到保障，小佃農委員會被授權可以確定公平的租金。高地的佃農只要求地主接受一些行為和責任標準，而並沒有像愛爾蘭小農那樣要求擁有土地。

有種種原因造成了大面積的鄉村人口縮減，如工時較短而報酬較高的城鎮工作的吸引力、19世紀五六十年代的機械化和19世紀最後二三十年的農業大蕭條等。大規模出走的人群多數流入蘇格蘭和英格蘭的城鎮，有些進入煤田(尤其是威爾士的煤田)，有些去了殖民地，還有的入伍當兵。1861至1901年間，英格蘭和威爾士鄉村男勞力總數減少了40%多一點；婦女在城裏不易找到工作，故總人數減少得不那麼顯著，由此造成鄉下性別比的顯著失衡。不過許多未婚女性通過諸如青年女子友好會[7]這樣的援助機構進入城市當家庭傭僕。

鄉村的衰落

以上這一切都使鄉村社會變得人心渙散、無人照管，表現出衰敗群落的那種聽天由命的特點。托馬斯·哈代(Thomas Hardy)小說的出版跨度(1872–1896年)幾乎恰好覆蓋英國的農業大蕭條時期；哈代在其小說中以莊重的筆調將那些似乎對鄉間社會及其居民的命運產生決定性影響的、無法控制的、遙不可及的力量永久地保存下來。哈代寫出了業已消逝的鄉村習俗和傳

---

7 1875年創始，開始是英國聖公會的慈善組織，為鄉下到紡織廠等地方打工的青年女性提供幫助、心靈的慰藉和友善的環境。後很快發展到愛爾蘭和美國，現在是已經有一百多年歷史的世界性的宗教慈善組織，提供服務的對象是5–21歲的未婚女性青少年。

統，他的小說形式上雖屬過去，但也具有針對當下情況的弦外之音。

《卡斯特橋市長》描寫穀物商邁克爾‧亨查德(Michael Henchard)的命運，他因不能順應新的貿易方式而致破產。哈代評述面臨生意崩潰時刻的亨查德說：「他思緒奔突，似乎傾向於認為有甚麼力量專門在和他作對。」威塞克斯小說所描繪的「四處上演的苦戲」其實是一種文明的蛻變和解體。1895年，哈代談到他的全部小說時說：

> 最根本的變化是，最近一段時間以來，維繫着當地傳統和氣質的農舍常住居民被大體上是流動性的勞力所替代了，從而造成當地歷史連貫性之斷裂；對於保存地方的傳奇、民俗、社會階層之間的密切關係和古怪的個性而言，沒有甚麼變化比這種斷裂更具毀滅性。所有這些傳統的存續之不可或缺的條件，就是一代又一代人附着在同一片土地上生活。

所幸的是，在英國鄉村生活徹底消失之前，塞西爾‧夏普(Cecil Sharp)、肯尼迪－弗雷澤(Marjorie Kennedy-Fraser)等民俗和民間歌舞史學者已經將具有這種生活的品質特徵的東西記錄了下來。

破壞鄉村習俗連續性的行為得到白廳和威斯敏斯特的支持。教育方面，如1872年蘇格蘭教育法之類的

措施致力於讓説蓋爾語的蘇格蘭人和愛爾蘭人以及説威爾士語的威爾士人全都使用英語，並訓練農民使之具備在城市生活的能力。1850至1900年間鄉村的變化和教育政策沉重打擊了蓋爾語和威爾士語的生存條件，在蘇格蘭幾乎造成方言的滅絕。然而，在威爾士，地方上的立法努力確保了1889年起學校的威爾士語教學。

城鄉關係

一些地區城鄉之間的流動頻繁，如季節工離開城市去鄉下收割，小城鎮居民經常闖入周圍的鄉村偷獵。有些工人，尤其是煤礦工人，他們就住在村子裏，出門就是荒野或田地，再説，像賽靈狗和賽飛鴿等他們常玩的運動項目也都和鄉村生活有關。中產階級的人趁着土地低價時買下了鄉間宅院。對於有產階級中精於理財的人來説，鄉村已經成為昂貴的遊憩地，一個「度週末」的去處。但是對很多居住在大城市的人來説，鄉村成了遙遠的、甚至危險的地方，那裏的人很古怪，口音、衣服和舉止都特別。奧斯卡·王爾德(Oscar Wilde)的喜劇《認真的重要》就準確地再現了大都市人的腔調：

布萊克奈爾夫人(Lady Bracknell)：……土地已經不再是收益或者樂趣。它給人的是社會地位，卻不讓

人保持地位。關於土地能説的也就如此了。

傑克(Jack)：我有座鄉間宅邸，當然周圍有一些土地，我想大約有1,500英畝，但我真正的收入不靠田地。事實上，就我所看到的情況來説，偷獵者是唯一能從土地上得到點東西的人。

布萊克奈爾夫人：鄉間宅邸！⋯⋯你有城裏的宅邸吧，我希望？簡直不可能要求像格温德林(Gwendolen)那樣天性單純、完好無損的少女住到鄉下去。

儘管如此，往日的歡樂鄉村這一形象卻久久地留存在城市居民的腦際。無論甚麼階級的人，只要有可能，他們就會住在帶花園的房子裏，甚或租種一小塊菜地。他們不理會鄉村實際經受的苦難，卻在城市中再造了鄉村。房屋建築和城市規劃越來越反映出人們對鄉村的懷舊情緒，最後產生了卡德伯里的伯恩維爾實驗[8]、貴格會僱主以及世紀末的「花園城」運動。

8　熱心的貴格會友卡德伯里(George Cadbury)和哥哥在伯明翰經營巧克力和可可飲料生產；1879年將公司遷往4英里外的伯恩維爾，創辦私人社會保險並致力改善工人生活；1893年購地一百多英畝，實驗性地建造帶有寬大花園和其他舒適生活設施的工人階級住房；後更是主動放棄產權，成立伯恩維爾村社信託基金，住房對社會各界(不唯自己公司的僱員)開放，成為後來「花園城市」和「園林市郊」的樣板。

第十三章
大眾和階級：城市工人

　　大規模的人口城市化以及鄉村地區的衰落對所有的階級都具有深刻的社會意義，這點並不奇怪。19世紀上半葉，有產階級最擔心的是會出現革命的勞工階級，但這樣的階級居然沒有產生，這可能是19世紀下半葉最令人稱奇的事情了。大多數從事工業勞動的人除了其生產的產品外，並沒有留下甚麼事物作為紀念：他們人生的曲折、他們的追求、希望、信仰、喜好、憎惡、習慣和熱衷的事物，多已湮沒無聞。在大英帝國，對陌生的異族着迷的、訓練有素的行政官員以極高的效率起草了一份份詳盡的報告，將以上提到的當地各方面情況記錄在案；可是在英國國內，一直到19世紀末才開始有對城市貧窮人口生活習慣的系統觀測報告。梅休以他那印象式的《倫敦勞力和倫敦窮人：願意做工、不能做工和不願做工者的狀況與收入大全》(1861–1862)一書為這項工作開了一個頭，但很不系統，而且只在很短暫的時間裏有後續的觀察。我們僅有的知識表明，窮人中存在非常複雜繁多的生活樣式，其中鄉土觀念和宗教往往起了重要作用。

工薪提高，出生率降低

勞工群體中有一部分人的生活水準開始迅速提高。1860至1914年間的實際工資漲了一倍。1868至1874年以及1880至1896年的經濟繁榮時期也是收入快速增長的年份；後一個時期中，實際收入上升了差不多45%。19世紀80年代時，已經有相當多的人開始享受閒暇時間，這是19世紀以來的第一次。除了用於食品、住房和衣服等生活必需品的花銷外，人們手頭已開始有了點富餘的錢(儘管數量並不多)。

一個突出的現象是，有了盈餘，出生率不升反降；這一現象從19世紀70年代起就出現在有產階級之中，效法其社會上層階級的勞工階級在稍後也受到影響。於是，多出來的錢並沒有花費在多出來的孩子身上。這是一個前所未有的令人吃驚的變化。從托馬斯·馬爾薩斯(Thomas Malthus)到馬克思，經典政治經濟學家都曾預言，由於「工資鐵律」的作用，勞工階級註定只能過勉強糊口的生活，因為任何多餘的錢都會被多生出來的孩子用光；可出生率下降卻證明經典政治經濟學家的預測全都錯了。19世紀80年代以來，控制家庭人口的做法為英國勞工階級達到相對富裕提供了機會。對於這一切如何發生，為何發生，人們知之甚少。但男女結婚年齡推遲了，他們可能使用了1870年以後普及起來的一些不怎麼可靠的避孕措施，婦女可能經常用流產作為終止懷孕的手段。

「勞工階級」這一用語(維多利亞時代幾乎總是使用複數形式的「階級」)當然涵蓋了很大的範圍。查爾斯‧布斯(Charles Booth)的調查系列開始於19世紀80年代後期，其《倫敦人的生活和勞作》將勞工歸入6個主要類別：「高報酬勞動」，「定期標準收入」，「定期低收入」，「間或收入」，「臨工收入」，以及布斯所說的「底層階級」。人數最多的是有「定期標準收入」者，相當於其他5個類別人數的總和。正是這個具體類別的男女們縮小了家庭規模，經歷了實際收入的增長，並開始意識到他們在經濟中的潛在能力。

工會

「定期標準收入」類工人的日子過得紅火起來，便加入工會，以求保障所得，並通過談判爭取更好的工薪和工作條件。19世紀中葉的工會在很大程度上是會員面不廣的「新式」同業工會，其成員或因在學徒期獲得了技能和資格，或因有能力熟練地操作機器，而在工人同事中嶄露頭角，從而警惕心十足地守護着自己那高人一等的、好不容易得來的優越地位。對熟練工的穩定需求鞏固了同業工會的勢力和特權地位；鐵船製造等技術的發展也擴大了而非縮小了其名聲。19世紀70年代，但尤其在80年代，同業工會開始增補會員，吸收了許多有固定工作的人。生活水準提高了才有可能使同業工會得到發展，因為會費是很貴的。

工會之所以存在，不僅或甚至主要為了進行工資談判，而且還涉及名目繁多的一系列「自助」救濟：同業工會和「互助會」緊密相關，有時就是「互助會」的代名詞。對一切有自尊心的工人來說，所有的貼補中首要的一條就是喪葬補助，有了這筆費用就可以避免讓貧民院付埋葬費。不過，許多工會還設立了疾病補助和失業補助，因為那時政府還沒有為一時遭遇災禍的人提供幫助的舉措，而且政府除了貧民院這張最後的安全網之外，更缺乏為始終處於貧困線上的人提供救濟的機制。

　　對於1945年之後的觀察者來說，工會活動增強的背景十分奇特。1874年之後的20年中發生了明顯的實質性的通貨緊縮，也就是物價下跌了（在較小的程度上薪水也下跌）。從另一方面說，有正式工作的人的實際薪水上升了。然而，工會會員實在難以接受這樣的現實：誰會相信，僱主減了他的薪金卻仍可能讓他過得更好？所以19世紀80年代的「新工聯主義」關心的是捍衛勞工的工薪；這是對局勢的反應，同樣也是一股積極的實際的力量，其中除了團結起來的想法，並沒有甚麼意識形態的作用。

　　一些社會主義者參與了這個時期最引人注目的幾次罷工：1888年布賴恩特和梅的火柴廠罷工，1889年倫敦碼頭為「碼頭工人的6便士」而舉行的罷工。這兩次罷工很可能因為發生在倫敦，就在激進分子的眼皮

底下，頗引起中產階級的關注。不過，它們並非典型的罷工(事實上，倫敦碼頭罷工甚至不是工會領導的，工會在罷工結束之後方成立)，也不應過於強調約翰·伯恩斯(John Burns)等發起罷工的「社會主義者」的作用。大部分同業工會的領袖仍堅定地站在格萊斯頓一邊。卡爾·馬克思在英國度過幾乎整個的寫作人生，然而除了一個小圈子外，這個國家裏實際上沒有人知道馬克思和他的著作；19世紀80年代湧現出來的社會主義團體的着述只涉及到極小的聽眾面。事實上，勞工階級對社會主義思想的抵制已經使中產階級知識分子對他們感到絕望。

足球和板球

如果說，工會是勞工階級自我意識成長的制度性表達，那麼特別是男性工薪族共同愛好的休閒活動更是促進了這一團結的意識。英式足球最初是公學和大學業餘社團搞起來的競賽遊戲，到了19世紀80年代中期已經基本上職業化了；此時從次茅斯到阿伯丁的工業城市中，觀看足球賽已經成為男性(幾乎毫無例外的只有男性)的常規娛樂活動。在19世紀最後的二三十年中，所有注重自我的工業城市都成立了足球隊。有些足球隊反映出所在城市的宗教分派(如格拉斯哥有天主教的凱爾特人隊和新教的皇家園林衛隊，默西賽德有天主教的埃弗頓隊和新教的利物浦隊)。所有的球隊都

激勵其追隨者對當地的忠誠、熱情和個人歸屬感，令許多政治組織者羨慕不已。足球比賽是高度組織化的城市社會的產物：足協杯賽(自1871年起)和足球聯賽(自1888年起)的規則性和複雜性，掀起眼前興趣和維持恒久興趣的需要，每週入場費、或許還有客場的火車旅費的預算編制，自我制約的龐大人群——所有這些都反映出一支有紀律有秩序的勞動大軍，他們在工餘時間裏心甘情願付費入場，觀看別人為由當地企業家組織的俱樂部踢球。整個「賽季」中，人們對足球(或如蘇格蘭邊境區、南威爾士和英格蘭北部對橄欖球)的持續關注使產業工人獲得了更為寬廣的時間觀，而那正是農工們從天氣的季節變化中早已熟悉的時間觀。

板球是一種比賽時間長得多、更彰顯個人風格、社會交融程度更高的運動；自1873年起，郡際板球錦標賽組織的板球比賽越來越深入人心。以上對足球的簡單解釋對板球則完全不適用：或許可以説，板球見證了工業化和勞動分工時代中個人主義精神的延續。格洛斯特郡的醫生格雷斯(W. G. Grace)當時威風凜凜地控制着投球和參賽選手，創下了許多至今都無法超越的擊球、投球和守場記錄，因此幾乎和1874至1886年間的賽馬冠軍騎手弗雷德·阿徹(Fred Archer)一樣，成了民族英雄。格雷斯那經常被畫進漫畫的一把大鬍子，使人們往往將他和索爾茲伯里勳爵混淆，這可能對後者比較有利。

旅行和賭博

一直以來，對於勞工階級而言，旅行意味着四處拼命尋找新工作或住處的經歷，而到了19世紀80年代，旅行已開始成為一種消遣方式。對許多人來說，在某個新設的法定假日由個人或公司發起去海邊旅遊，已經成為一年一次的遠足活動。黑澤、莫克姆、斯卡伯勒、紹森德、伊斯特本、波托貝洛等許多度假勝地應運而生，既滿足了也進一步刺激了需求。勞工階級的假日幾乎總是在城市裏度過，對他們來說，「海灘」意味着伸入海面的突堤，雜耍表演，更衣小木舍，及其後面的旅館，供應膳宿的公寓，還有商店。90年代，激進分子和社會主義者企圖通過徒步和自行車俱樂部去組織鄉村旅遊，來拓寬度假傳統，但是鄉間旅行更吸引中產階級的下層，而不是勞工階級。

廉價報紙的發展，通過電報實現的國內快速通訊，都在促使另一種大型勞工階級娛樂方式的形成：那就是賭博，尤其是賭馬，以及通過剛露頭的普爾集合賭金業押足球賽的輸贏。賭博呈現了掛在彩虹盡頭的一罐金子：休閒能娛樂身心，説不定還有利可圖——當然了，這種好事難得出現。

生活水平的提高

勞工階級中比較富裕的階層現在也開始分享了一

點半個世紀前工業革命給有產階級帶來的成功和期望。平日的飲食有些改善，除了麵包、土豆和啤酒外，能吃到肉類、牛奶和蔬菜了。住房的品質略有提升，因為肥皂便宜了，而且到處都能買到，房屋和人們的衛生都有所改善。書、照相和零星的裝飾傢具也開始用於裝點有固定工作的勞工家庭。體面已成為目標：體面的意思是有了可支配的錢，用以展示自己能在一定程度上控制生活方式，有了穩定地過日子的意識，可以不總盯着每星期的薪水袋，而能擴大一點眼界了。體面的目標得到正普及開來的分期付款公司的支持，這些公司掌管着工薪家庭盈餘的多項花銷。人口中工薪階級生活水平的提高確實重要，但此事也要客觀、全面地看待。19世紀下半葉，幾乎每10年中都會發生短暫的經濟混亂。那個時代有許多人相信，從19世紀70年代中期至90年代中期就是「大蕭條」時期，這期間利潤和收益下降了。如我們已經看到的，「大蕭條」的說法對於農業來說當然很貼切。對於工業總體來說，與其說是蕭條期，不如說是調整期，但是「調整」對於工人而言通常意味着悲慘的境遇。正是在19世紀80年代時，「失業」一詞獲得了其現代意義。

宗教

在上教堂做禮拜這個意義上的宗教，並未在大多數英國城裏人的生活中起過甚麼直接的作用。「並不

是上帝的教會失去了大城市，而是它從來沒有得到過大城市，」這是溫寧頓－英格拉姆(A. F. Winnington-Ingram，聖公會牧師)在1896年寫下的話。從鄉村勞工走進城市的時候起，新教教會就規勸他們繼續去教堂做禮拜，但無論國教還是不從國教派，這一努力都沒有成功過。至於在城市出生的人群，儘管有慈善施捨和主日學校所提供的教育等間接的誘惑，更有傳教團、奮興派聖鬥士、救世軍和教會軍的直接上門，但是各教會同樣無法對他們中的大多數人施加影響。1902至1903年時，倫敦人口中只有19%定期上教堂做禮拜，這些主要是來自社會中上層的人。在倫敦以外的地方大城市，參加禮拜的比例數可能會稍微高一些，在小城市會高得多。只有羅馬天主教的禮拜活動才吸引了數量可觀的勞工階級成員。天主教組織順應了勞工聽眾的需要；教會工作人員熟練地通過教會的社會團體和俱樂部吸引會眾，不僅訴諸其天主教信仰，更用「愛爾蘭性」打動了會眾。

蘇格蘭人和威爾士人仍然十分虔誠，而英格蘭的勞工階級也並非對宗教一無所知。標誌人生轉折的「通過禮儀」(尤其是婚禮和葬禮)即使在有世俗形式可以選擇的情況下，也仍然十分流行。不做禮拜的人群看來也並不敵視宗教，只有在宗教披上羅馬天主教儀式主義的外衣，並且與愛爾蘭移民和本地社群之間的摩擦發生關聯的時候，才有敵對言行出現。其實，

真正讓不去教堂的人心懷怨憤的，是宗教 —— 特別是聖公會 —— 如此明顯地同有產階級的地位和權力聯繫在一起。社會上能說會道的人大力提倡人人去教堂做禮拜，在這樣的社會中，不上教堂不僅是宗教態度冷漠的表現，也是一種抗議方式。

第十四章
職員和商業：中產階級下層

　　對於中產階級來說，1850年以後的幾十年迎來了擴大隊伍的黃金時代。1851年時，中產階級還是一個相當小的也比較容易鑒別的群體，成員是職業人士，實業家，銀行家，大商店店主等等。這個群體同勞工階級之間隔着一道鴻溝。到了世紀末，一個複雜得多的格局已經顯現。一個龐大的中間群體在經濟變化中應運而生，可以稱之為中產階級下層。經濟體系中的服務行業已經發展成大得多也複雜得多的部門。英國逐步走向商業和工業並重的經濟發展過程中，造就出一支浩大的白領從業人員大軍，在零售、銀行、會計、廣告和貿易等商業部門從事管理和服務工作。

一個新生階級

　　工業企業的管理層已開始從父系家族傳承制向新的職業經理人階級轉化，製造業中的管理人員隊伍迅速壯大。因為政府在新的職責方面投入更多，特別是對1870年教育法所開創的教育體系的投入，所以地方和中央各級行政機構開始迅速擴大。商店、辦公室和

電話局為婦女的就業提供了新的機遇。

倫敦受到這些變化的影響尤其顯著，產生了一個龐大的商業金融區從業人群。他們在新式理工學院受到專門訓練，搭乘火車或新建的地鐵上下班，居住在當時正在倫敦邊緣興建的市郊，或者是克羅伊登這樣的城鎮：自19世紀70年代起，這些城鎮作為倫敦城職員的郊外住宅區迅速發展起來。市郊化是19世紀下半葉城市生活有特色的發明：或聯立或半獨立、往往前後都帶小花園的一排排整潔的房屋，見證了這個新階層成功的置業追求。

價值觀

這些家庭從自由主義時代獲得了很大的好處。自由主義提倡個人做出成就，這個階級響應了號召。它看重功績、競爭、體面、效率和目標感。它尊重成果、金錢和成功。它對自己在社會秩序中的地位沒有把握，便聽從那些自信有發號施令權的人；它尊重等級制度。在這點上，它和19世紀50年代的自由主義者有很大的不同：支撐了老自由主義者不屈的個人主義的，是那種「昔日的光榮事業」中的前工業時代精神和17世紀的戰鬥口號。這個新階級因為想在社會等級中找到牢靠的位置而成為保守黨的工具，保守黨因之變成在城市有擁躉的黨。在一些地方，特別是在有不從國教傳統的小城鎮，如威爾士和蘇格蘭的集鎮，它

掌控着大局；但因地位賦予其自信，加上不從國教，小城仍是自由黨的天下。在大城市，它往往扮演合作階級的角色，幫着貴族和中產階級上層獲得權力；作為交換，它獲得了承認和社會地位。

哈姆斯沃思兄弟於1896年創辦的《每日郵報》以其高效的全國發行網，使地方報紙很快在競爭中處於劣勢。它是下層中產階級的典型讀物；開始時唱自由主義－帝國主義的調子，在布爾戰爭期間轉變立場，站到統一主義一邊。「小辦事員寫給小辦事員看」，索爾茲伯里勳爵曾這樣不屑地評論過該報及其讀者。

第十五章
有產階級

　　中產階級上層分為兩個部分。職業人士 —— 醫生，律師，國教教士，行政高官 —— 有共同的大學教育背景，而且其中上過公學的人也日益增多。在許多城市，他們搬出市中心，住進了很氣派的市郊大宅，比19世紀上半葉時更加離群索居。送子弟離家就讀寄宿學校的習慣擴展了這個階級的全國性視野，削弱了其成員的區域性根基。拉格比公學的阿諾德精神，那種由阿諾德的後繼者所闡發並有所修正的精神，已滲透在職業界的思想觀念中。在希臘文、拉丁文和古代史為主的課程的培育下，在英國國教廣教會派道德觀念的教化下，在「為人生做好準備」的無間斷競技運動的訓練下(冬天是英式橄欖球，夏天是板球和田徑運動，為的是佔領所有的空閑時間)所養成的職業階級的性格是值得尊敬的，然而它缺乏想像力。它越來越把提供管理帝國的人才作為目標，而忽視了一個工業國家的需求。

　　製造業的中產階級在一定程度上受到了職業中產階級風氣的影響。越來越多的製造業者不再早早讓孩

子進家庭商行，而是讓他們經受培養職業階級的整個教育過程。棉紡廠主和造船廠主的子弟研習希臘文，打橄欖球，而不是像德國的製造業子弟那樣，學習科學和會計學。接受如此教育的青年往往不再有興趣回到製造業生涯，因此要保存作為19世紀上半葉工業進步之首要原動力的創業和生產的勁頭已經變得越來越困難了。這樣的人發現商業比工業更加適宜，於是加入了正在擴大的銀行部門：工廠生產車間裏流淌的血汗和勞資關係在銀行裏都已淨化為一行行數字。

金融服務

英國經濟越來越多地依賴這些幹練的銀行人。那時已經開始出現商品進出口支付中的巨大逆差（1851年為2,700萬英鎊，到1911年已達1.34億英鎊）。這個逆差卻被銀行、保險和海運的利潤，英國資金的海外投資收益等「隱形收益」轉化為總順差。服務業的收益（1851年為2,400萬英鎊，1911年為1.52億英鎊）和在外國投資的紅利收益（1851年為1,200萬英鎊，1911年為1.88億英鎊）似乎已經成為英國繁榮中至關重要的組成部分；隨着這些收益產生了一個中產階級，其專長是管理金錢，而非人或工業產品。

英國社會和經濟生活中的這一重大發展就像早期的製造工業大發展一樣，並不是計劃中的事情。後來的發展卻又是早期工業化的產物，這可以從兩方面來

看。當「世界工場」將其產品銷往國外時，它也刺激了其他國家的經濟，後者迫切需要自身無法提供的資金；英國同別國經濟的競爭，以及19世紀80年代一些製造業部門的不景氣，使英國製造業的利潤率下降了，於是那隻「看不見的手」便指向了服務業的擴展。

吸納「業界」

然而，對金融服務擴張的趨勢既不能過份誇大，也不應過於強調其新奇性。英國早就牢固確立了土地、工業和商業三者結合的傳統。這個傳統使英國貴族沒有成為歐洲大陸的那種特權等級，也給製造業者提供了身份地位作為獎賞。有些製造業者領受了獎賞，另一些則不予理會，尤其是不從國教的人。製造業及製造商在英國仍有強大的勢力。但是，世紀上半葉十分期待又十分畏懼的所謂製造業者居於首位的「中產階級君主政體」，卻沒有在英國出現。對此，在一定程度上只能這樣解釋，即貴族吸納、同化「業界」的規模之大抵消了其政治、社會影響。

中產階級信奉新教，而且是活躍的信徒，他們在聖公會教士團和大學裏已變得越來越重要。大學現在已經在很大程度上迎合他們的要求；在1854年諾思科特－特里維廉報告[1]的基礎上進行的一系列改革，使通

1　由當時英國財政部兩位官員，諾思科特(Stafford Henry Northcote)和特里維廉(Charles Edward Trevelyan)呈遞給議會的調查報告。這份《關於

過專業和公務員資格考試成為必要條件。體面，就是要供得起住宅，僱得起僕人，交得起學校和大學的學費；體面的需求促使中產階級從19世紀70年代起就控制家庭人口，從時間上說，早於勞工階級縮小家庭規模的行為。

婦女

中產階級婦女也力求縮小家庭規模，她們現在除了生兒育女和操持家務，也開始對生活有了更多的期望。因少生孩子而獲得部分解放的婦女在慈善事業、教會、地方政治、藝術，尤其是音樂方面發揮了重要作用。有些人不顧艱難，迫使大學接受了自己（她們可以聽課，參加考試，但不能得學位），19世紀70年代後期起，牛津、劍橋和倫敦等都設立了女子學院。[2] 職業

建立英國常設文官制度的報告》成為英國文官制度改革的奠基文件，150年來雖有多次改革，但報告的基本原則至今有效，其中首要的是設立考試，擇優錄用行政服務人員（東印度公司在華官員推薦中國的科舉制度，19世紀初該公司參照科舉制度在倫敦創辦學院，培養自己的行政服務官員，此後幾十年一直有英國官員推薦中國式的考試制度；特里維廉就有長期在孟加拉、印度的管理經驗）。報告還建議嚴格區分行政高官（負責制定和實施政策的官員）和從事日常的機械工作的人員這樣兩個層次（本章一開始將高等公務官員歸入中產階級上層）。

2　婦女教育活動家埃米莉·戴維斯（Emily Davies, 1830–1921）於1869年在悉欽（Hitchin）辦了一所小型實驗性女子學院，1873年遷往劍橋，成為隸屬劍橋大學的格頓女子學院（Girton College）；1870年她積極參與促成女生首次進入倫敦大學學院的課堂聽課。戴維斯的朋友芭芭拉·博迪雄（Barbara Bodichon, 1827–1891）也為格頓學院出資出力。

圖11 「家中的天使」。這幅精心設計的照相（1865年）反映出許多中產階級婦女對優雅的追求，但也捕捉了她們的某種落寞感。

領域仍然不對婦女開放，但有少數女性成功地當上執業醫生。看來，大多數婦女能夠得到的最接近職業生涯的工作，也就是高級護理和旅店經營了。

第十六章
典儀[1]

　　貴族(和士紳)只在一定程度上受到這些變化的影響。英國社會生活的三大階級中，它可能是維多利亞女王治下變化最小的一個階級。正如社會主義作家比阿特麗斯‧韋布(Beatrice Webb)所說，貴族是「一種出奇堅韌的物質」。它繼續行使着相當大的政治權力。威斯敏斯特的兩個政黨中不少成員出自貴族，帝國的高位幾乎全都由貴族把持，郡縣地方政府由貴族控制，統率軍隊的軍官是貴族——但相對說來，海軍在社會階層上不那麼排外。貴族和士紳從19世紀50到70年代農業的繁榮中獲得利益，在農業蕭條中又蒙受損失。不過，他們熟練地投資城市用地，在城市擴張中

1　原文Pomp and Circumstance語出莎士比亞悲劇《奧瑟羅》第三幕第三
　　場第354行：中了伊阿古奸計、相信妻子不貞的奧瑟羅，滿腔悲憤，
　　告別自己的寧靜心緒和戎馬生涯："Farewell ... /The royal banner, and all
　　quality,/Pride, pomp and circumstance of glorious war!"（3.3. 351, 353–354）
　　（永別了……莊嚴的大旗和一切戰陣上的威儀！，朱生豪譯文）。此後
　　pomp and circumstance在英語中用於指稱莊嚴的典禮（尤其如君主加冕
　　禮等儀式），富麗堂皇的大排場等。這個短語最著名的例子當數英國
　　作曲家埃爾加爵士(Sir Edward Elgar, 1857–1934)的5首《威風凜凜進行
　　曲》（Pomp and Circumstance March，亦譯為《威儀堂堂進行曲》），其
　　中第一首最為著名，曾獻給愛德華七世作為加冕禮頌歌之一。

發了一筆橫財，挽回了農業上的部分損失：原先越來越不值錢的農田因被徵用興建市郊而讓土地所有者成為富翁。

英國貴族一向參與工業化，同礦山、運河和鐵路開發的關係尤其密切。現在貴族又精明地和商業擴張的新浪潮聯手：許多銀行和保險公司裏都有一個爵爺為理事會增色。貴族還通過睿智的聯姻挽救自己的財產，特別是同美國新生的財富貴族聯姻，最著名的例子就是第九任馬爾伯勒公爵(Duke of Marlborough)娶了康斯薇洛‧範德比爾特(Consuelo Vanderbilt)。[2]通過這種種手段，即使在農業衰落的時代，許多大貴族莊園仍得以保存下來。但是，莊園不僅可以用來謀取財富，還可供人享樂，而且後來就被當作了遊憩場所。城裏人瞭解貴族的主要途徑是通俗報刊雜誌上對貴族的描寫：他們是一群悠閒的男女，在鄉下賽馬、打獵、射擊、釣魚，到倫敦來就是賭博，出席社交季活動。在休閒對於英國人變得越來越重要的情況下，貴族並不因悠閒自在而變得不受歡迎。

宮廷

宮廷起了示範作用。艾伯特(Albert)親王讓南方的

2　這是19世紀末著名的聯姻，美國鐵路大王之女嫁給英國公爵，她帶到英國的巨大財富挽救了馬爾伯勒家族的布萊尼姆宮。但看來婚姻並不幸福，康斯薇洛後來離婚，嫁給法國人。

宮廷生活變得十分嚴肅，他還以同樣的固執，使王室在北方消夏這一重要的休閒活動具有了莊重的氣氛。19世紀50年代，維多利亞和艾伯特在迪河岸邊修葺擴建了巴爾莫勒爾宮；他們對農夫生活及其有關知識樂此不疲，這是顯而易見的，而且被大肆宣揚；他們庇護了埃德溫·蘭西爾爵士，一位享有盛譽的描繪鄉間獵殺的畫家[3] —— 所有這一切都使蘇格蘭變得令人起敬，也使類似的英格蘭北部和西部以及威爾士的荒野和山地獲得聲譽。那時浪漫運動已十分衰落，但也因衰落而成了流行之風；宮廷將自己同浪漫運動聯繫起來，重塑自己為大眾喜愛的聲望，象徵着城市文明對自然的控制。維多利亞時代的繪畫中被複製得最多的《幽谷君主》是蘭西爾的一幅牡鹿肖像，其實這只鹿並非眺視其王土的君主，而是在捕獵者槍口瞄準下的困獸：安全的幽谷沒有了，自然被馴服了。

維多利亞女王和艾伯特親王在巴爾莫勒爾過着愉快的、卻也是有高尚情操的生活，始終如一地履行對農民的責任。維多利亞的兒子愛德華，就是1901年繼位的威爾士親王，卻是個純粹的享樂主義者。他一系列的醜聞使母親震驚，但報紙卻因得到有新聞價值的

3　蘭西爾爵士（Sir Edwin Henry Landseer, 1802–1873），雕版家，畫家，以描繪動物著稱，尤其是馬、獵狗和牡鹿；有些畫描摹了貴族獵園（如奇林翰）中射獵白牛的活動。他的畫幾次在年度的皇家藝術院展覽上展出，他本人於1850年被冊封為爵士。

題材而欣喜。親王及其小圈子裏的富人，如在新的食品雜貨零售業中發了大財的托馬斯·利普頓爵士[4]，就是「富豪統治」的縮影。福音運動和書冊派運動在後攝政王時代曾經對貴族產生過深刻的影響，在19世紀五六十年代曾使帕默斯頓的紈絝派頭顯得出奇地不合時宜，可看來這些舊時的思潮已經讓位給炫耀似的消費和道德放縱的風氣。儘管環境富麗堂皇，但是一些貴族仍然過着老派的簡樸生活，如托利黨首相索爾茲伯里勳爵就是如此，其家族以宗教虔誠著稱。索爾茲伯里是最後一個留大鬍子的首相，到了19世紀90年代，也就是他生活的最後10年裏，他正在變成一個與其生活時代格格不入的老古董。他的侄子、繼任他當首相的阿瑟·貝爾福(Arthur Balfour)被視為唯理論的自由思想家。貝爾福和愛德華七世代表了新派貴族的特徵：一個顯然是懷疑論者，另一個則公然地驕奢淫逸。

儘管維多利亞女王和她的兒子在風格上有顯著的區別，但是作為宮廷和整個上流社會至高點的君主國在他們二位的統治下均興旺發達。維多利亞在其漫長的統治時期中(1837–1901年)小心翼翼地護衛着君主制特權，她越來越清楚地看到，只有保守黨政府才是

4　全名是托馬斯·約翰斯通·利普頓(Thomas Johnstone Lipton, 1850–1931)，出身小雜貨商，移民美國後又返回出生地格拉斯哥，在東南亞購買大片茶業、咖啡、可可種植園，在芝加哥建立肉類加工廠，在英國擁有各類食品生產和加工企業，1898年創建了著名的「立頓」茶業王國，同年被封為爵士，1902年再次受封為男爵。

君主權力的最大保障。1861年，艾伯特親王逝世後，維多利亞有很長時間沒有在公共生活中露面，這點很不得人心，使得英國在巴黎公社的激勵下出現了相當嚴肅的共和運動；19世紀70年代初，自由黨領袖用了一些手腕阻止了共和運動的發展。引起廣泛負面評論的，正是君主缺席公眾生活和整日的無所事事，而不是她的臨在。在一個急劇變化的社會中，當等級制度在社會上舉足輕重的人群中仍大受歡迎的情況下，在成長中的傳媒產業的精心包裝下，注重家庭、連續性和宗教信仰的君主政體似乎成了一個守恆點。沃爾特·白哲特在其經典研究著作《英國政體》（1867年）中指出，英國人「尊重我們可稱之為上流社會的舞臺演出的那種東西……這戲的高潮就是女王」。君主政體參與了權力的合法化：它「在通常情形下如秘密般深藏不露，可有時又如慶典遊行般招搖過市」，就像它在1887年和1897年女王繼位的周年盛典上那樣獲得了巨大成功。維多利亞本人顯而易見是個平常人，她的悲痛被廣為宣傳(「溫莎堡的遺孀」勇敢地履行着職責)，事實上她是個年老有病的女人，所有這些都鮮明地昭示出人之脆弱與體制的威嚴之間的懸殊差別，使人們益發崇敬體制。

　　君主制代表了被認為是前工業社會秩序的那種永恆的品質。在日益城市化的社會中，君主制調和了工業革命的作用：英國越是城市化，其君主制就越加變

得程式化、儀式化和大眾化，因為它聲稱自己所體現
的價值游離於主張平等競爭的資本主義社會之外。

第十七章
「移風易俗」

　　考慮到工業和社會的變遷中潛伏着異常的緊張局勢，那麼19世紀50年代至90年代的英國（愛爾蘭除外）稱得上是個出奇有序的、諧和穩定的社會。政治動亂雖然並未完全匿跡，卻只是間或發生，不足以引發普遍的不滿。英國本土上，盜竊和暴行等罪案的絕對數字和相對比例都下降了，這在一個人口迅速膨脹的國家是了不起的變化，強有力地駁斥了所謂工業化和城市化必然導致犯罪率上升的説法。1901年，刑事登記局長評論説，自19世紀40年代以來，「我們注意到社會風俗有很大的變化：現在光動嘴，不動手，過去不管吵嘴與否，總是拳腳相加；不同階級的行為習慣已很接近，無法無天的態度已不多見。」這個在很大程度上自我調節的社會依靠自願捐助組織 —— 各個教會、互助會和分佈廣泛的慈善團體系統 —— 為精神和物質匱乏的人提供幫助。在教育這個重要領域，光靠教會自願捐助所得不可能提供適合工業國家需要的初級教育體系，這點在進入60年代時已得到承認。1870年，自由黨政府通過一項法案，要建立地方教育

委員會，其責任是在沒有教會學校的地方建立教委會學校[1]（不過，1880年以前還沒有實行兒童的強制性教育，1891年前上學還要付費）。

地方上、特別是倫敦和北方的一些製造業城市發揮了首創精神，在小學中植入了一個有效的，多門類的技術教育體系，面向青少年，甚至成年人。然而，這個體系因各個委員會的思想活躍程度各異，故發展很不均衡，和德國的同類教育沒法比。製造業城市，特別是曼徹斯特和伯明翰成立了城市大學，對於進入傳統職業領域的人來說，這些大學和牛津劍橋相比大大淡化了古典文學教育的定位。在當時人看來，政府負責教育屬於穆勒說的少數違背規則的例外情況，而沒有看到這只是開端，日後政府將更廣泛地接受對社會機構的責任。

1　1870年的教育法規定，凡是對法案投贊成票的地區都可通過選舉產生教育委員會，由委員會建立並監管的學校可以收學費，但也有資格獲得政府撥款，還可從地方政府的稅收中得到資助。1902年的教育法出臺後，地方教育委員會終止使命。

第十八章
「城郊托利黨人」：保守黨的復興

　　1867年和1884年的兩次選舉法修正案使城市成年男性中的選民比例從20%增加到60%，郡縣則增加到70%，這給政治家出了難題。一戶一票制使他們面對的是規模大得多的、儘管並非普遍的選民群體（即使男性也遠遠達不到普選程度）；1872年後的選舉實行無記名投票，而從前每個人的投票情況都是公之於眾的。[1]

　　自由黨聯合體從未輸掉大選，對此它們習以為常。現在的問題是，沒有組織形態的、非正式的聯合體還能再獲勝嗎？1873至1874年間這個問題更加鮮明地被提出來：第一屆格萊斯頓政府以自由黨的傳統方式解體，接着卻不合傳統地輸掉了大選，1846年以來第一次將政權交到托利黨人手中。

自由黨的反應
　　自由黨對失利作出了雙重反應。在一些城市地區，特別是張伯倫(Joseph Chamberlain)在政治上具有

---

[1]　一般來說，選民排成隊，在兩位候選人各自委派的兩名計票員和監票員前高聲說出自己所選的人的名字。

影響力的伯明翰，開始形成政黨組織中嚴格的「地區決策委員會」系統。所謂「決策委員會」是一個小組，其成員是自封的當地名流，往往是不從國教的實業界人士，通常會激烈批評過份謹慎和過份貴族化的自由黨領袖。1877年組織起來的「全國自由黨聯盟」致力將五花八門的地區決策委員會在行政制度上統一起來。另一方面，仍主要由貴族構成的自由黨領導層則十分驚慌。

橫跨兩大派別的是領軍人物格萊斯頓。他是利物浦（原籍蘇格蘭）穀物商之子，卻就讀於伊頓公學和牛津大學的基督堂學院；他本人是堅定的聖公會信徒，然而在其政治生涯的後期卻同情不從國教派別的意願，故而能投合維多利亞社會中大多數人的心思。格萊斯頓沒有「地區決策委員會」為其撐腰，他追求的是統率全國的政權，而不是只有地方根基的權力。他越過了地方組織的首領，訴諸於一切持自由主義觀點者的整體。他的方法就是發表政治演說和寫作政論性的小冊子。

全國性報紙和地方報紙通過電報連接起來，形成新的巨大的新聞網；這個網絡使得英國首次形成即時的全國性辯論：政客演說後的第二天早晨，其演講文稿就可以出現在國內每一個中產階級家庭的早餐桌上。格萊斯頓就是用這樣的辦法，在1868年的大選競選活動中、在1876年抗議迪斯累里政府處理土耳其人

在保加利亞屠殺基督徒事件不力的運動中、在1879至1880年對保守黨在帝國主義功業中犯下的道德過錯和財政違規的撻伐(即「中洛錫安郡競選運動」)中，開闢了一條新路，致力創建表達道德義憤的大眾陣線。「公開演說」成了維多利亞後期政治的特色：格萊斯頓發明了新的政治辯論論壇，當時無論自由黨人還是保守黨人都不得不加入進來。

托利黨的復興

1867年的選舉法修正案為托利黨人帶來了新的機會。本來已經習慣於、甚至安於失敗的托利黨開始獲勝了；1867年成立了「全國保守黨和憲政協會聯盟」[2]，1870年，中央黨部辦公室開始改善選戰的協調工作。托利黨將目標鎖定在城鎮選區：想取得政權，他們就必須擴大根基，從郡縣進入正在延伸的城市和市郊。這點他們在19世紀70年代和80年代均大獲成功。在迪斯累里的領導下，他們令人信服地贏得了1874年的大選。1881年迪斯累里逝世，他們在索爾茲伯里的領導下成為強勢的黨派。

取得這樣的成功，是因為他們將一個本質上屬等級制、貴族和奉聖公會信仰的黨，同大城市中壯大起來的中產階級及中產階級下層人士的追求聯繫了起

2　後者後來發展為「統一主義協會」或曰「統一黨」(Unionists)，即原自由黨中反對格萊斯頓的愛爾蘭自治案的人。

來：托利黨成了有產者和愛國主義的黨。迪斯累里看到，政治上的成功不僅是方針政策的問題，而且正日益成為如何表述和如何宣傳的問題。他在蘭開夏和1872年在水晶宮的著名演說中，都將自由黨描繪成不愛國的、會危及財產、威脅英國的習俗體制、背叛英國的世界和帝國利益的黨。他也以一個更加積極的心態倡導社會改革，據信其政策對勞工階級中新近成為選民的一部分人尤其有吸引力。這些演講的主題，特別是有關愛國主義的主題，很快為其他保守黨人效法，成為下一個世紀中大多保守黨競選演說的原型。

社會改革

　　1874至1880年間，保守黨政府執政，初期的特點是強勁地開展了主要由內政大臣克羅斯(R. A. Cross)提出的多項社會改革，如工匠住房、公共衛生、互助會、河流污染、食品和藥品銷售、商船運輸、工會、工廠、酒類經營許可、教育等等均是立法的項目。其中有不少本來已「進入渠道」、在完成之中的改革，大大受惠於曾推動前一屆格萊斯頓政府改革的皮爾派－自由黨傳統。改革對中產階級利益的影響可能大於對勞工階級的；因為社會改革措施只規定准許做甚麼，而沒有強制要求實行甚麼，所以和期待的情況相比，成效更有限(例如，至1880年，威爾士和英格蘭的87個城鎮中只有10個決定執行「工匠住房法」)。雖

然如此，這些改革在保守黨的神話中佔據重要位置，它們表明托利黨是可以有效處理城鎮問題的黨，還為「托利民主」已經實現的說法提供了依據。同德國保守派解決城市問題的方法對照，英國的改革顯出整體性、安撫性和建設性。

不過，保守黨真正的興趣在於鞏固城市中產階級的基礎，贏得勞工階級的支持只是額外的收穫。醜化自由黨缺乏愛國精神的做法只取得了部分成功，這是因為19世紀70年代後期，保守黨對南非和阿富汗的事端處理不當，軍事行動花銷巨大，致使它吹噓自己有足夠的能力奉行帝國主義的聲言大打折扣。既要做帝國主義者，又要討好中產階級縮減財政開支的道德訴求，是十分困難的事情；這種自相矛盾在格萊斯頓的中洛錫安郡競選演說系列中被很巧妙地揭示出來。

自由主義的谷底

1880年，托利黨在大選中失利，格萊斯頓的雄辯固然是其倒臺的原因，那年的工商業衰退也有影響。此後，1880至1885年格萊斯頓執政的時期，自由主義跌入谷底，自由黨焦躁不安，內閣分歧重重。帝國的事務似乎證實了托利黨的指責：遲疑和混亂引發一系列災難，1885年最終導致查爾斯‧戈登（Charles Gordon）死在喀土穆。[3] 自由黨人已經太習慣於聽從殖

3　戈登在中國是指揮火燒圓明園、參與鎮壓太平軍的英國將領；在當時

圖12　1885年，作巡迴政治演說的格萊斯頓正在競選專列上，對蘭開夏沃靈頓的群眾發表講話。

民部「官方腦袋」的意見，不可能拒絕擴大帝國的責任範圍。於是自由黨一面佔領領土，一面卻又公開表示遺憾，如此便丟掉了兩邊的選民──因做得太多而疏遠了反對帝國主義的人，又因似乎很勉強的態度而失去了擁護帝國主義者的信任。

　　在國內事務上，格萊斯頓決心控制和縮減開支，使得改革計劃很難取得實效。同1868至1874年的情況

受到帝國主義和「愛國主義」煽動的英國公眾心目中，他是「中國戈登」，是民族英雄。後來戈登又在蘇丹屢建功勳，他鎮壓起義，但也堅決鎮壓奴隸貿易；1884年，他再次被派往蘇丹，解救被起義軍圍在喀土穆的埃及軍隊；他曾不止一次要求英國政府派兵，均被拒絕。1885年1月喀土穆陷落，戈登被殺，在英國引起很大反響，公眾稱戈登為「喀土穆的戈登」，視之為殉道的勇士和聖徒，並譴責政府不派兵救援的失職行為。

形成鮮明對比的是，政府只有一項重大改革受到關注，即1884年郡縣選舉法修正案。獲得選舉權後的農工們想來會把郡縣的議席交到自由黨手中，於是索爾茲伯里來個「針鋒相對」，利用上院手中阻止議案通過的權力，撈了一大把：議席重新分配議案得以用對托利黨有利得多的方式重新劃定城市選區席次範圍。[4]就這樣，托利黨利用了自由黨的改革，創建出推舉一名議員的中產階級城市及市郊選區的政治架構，在日後一個多世紀中，他們在政治上獲得成功所依賴的就是這樣一個政治架構。

如此重分選區和議席的結果就是使自由黨日益依靠「凱爾特邊緣」，即愛爾蘭、蘇格蘭和威爾士議員，於是這三個地區所關心的事情及其想要優先處理的事項也就挪到了英帝國舞臺的中央。

4　格萊斯頓小心翼翼地將選舉法改革和議席重劃的問題區分開來，以避免重蹈1867年的覆轍。1884–1885年選舉改革和選區重分案的出臺是自由黨和保守黨討價還價的結果：「重劃」案規定以每5萬人口一個選區的原則重新劃分選區，除了5–15萬人的城市以外，原先的一個城鎮選區兩個議席改為一個議席，將當時不足1.5萬人的城鎮選區議席歸併到附近的郡縣中去。如此歸併的城鎮達79個，有36個人口1.5–5萬的城鎮去掉了一個議席，使托利黨獲益匪淺。

第十九章
愛爾蘭，蘇格蘭，威爾士：
自治法受挫

「愛爾蘭問題」的存在，沒有人會否認，但是究竟是甚麼問題，則幾乎沒有共識。迪斯累里的一番話表現了大城市人困惑的口吻：「我想看到哪個官員能上前說說甚麼叫愛爾蘭問題。有人說這是個物質問題，有人說是精神問題；一會兒是沒有貴族的問題，一會兒又成了缺少鐵路的問題；一天說是教皇的問題，隔了一天又成了土豆問題。」

愛爾蘭農業

愛爾蘭的農業是這個地區佔壓倒性地位的大產業，並壓倒性地為新教徒所擁有，後者和民間流傳的說法相反，就在自己的莊園上或附近居住。在19世紀50和60年代的經濟繁榮時期，愛爾蘭的農業興旺發達，並取得了一定的技術進步，但是和英格蘭相比，仍然明顯缺乏資金投入。愛爾蘭自身拿不出資金，也無法吸引多少英格蘭的資金。愛爾蘭經濟無法養活愛爾蘭人口，不知有多少人遷移到英國本土，在那裏

凡是有點規模的城鎮都有愛爾蘭社群。1841至1925年間，「漂洋過海」遷徙異國他鄉的人口中，到美國的475萬，到加拿大的7萬，另有37萬多人去了澳大利亞。

芬尼亞派和巴涅爾派

19世紀60年代產生的芬尼亞愛爾蘭獨立運動有其歷史淵源：1798年的起義，19世紀30年代和40年代丹尼爾・奧康奈爾力圖取締1800年聯合法的失敗行動，以及1845–1846年和1848年的愛爾蘭大饑荒。芬尼亞運動在美國、加拿大和愛爾蘭發動了起義。1867年，它在英國搞了一系列炸彈爆炸事件，舉國震驚。其中著名的一起是炸倫敦的克拉肯威爾監獄，致使一百多名無辜的人死亡。芬尼亞運動絕不代表愛爾蘭普遍的觀點，但是考慮到它有朝一日可能會變成愛爾蘭普遍觀點的危險性，自由黨政治家們還是準備讓步，格萊斯頓尤其如此。1869年撤銷愛爾蘭聖公會的國定宗教地位，1870年的土地法，1873年的一部未通過的大學改革法(被愛爾蘭自己的議員否決了)：這些法案都有意表明，威斯敏斯特可以給愛爾蘭大眾他們想要的東西。然而，這些改革還不夠。艾薩克・巴特(Isaac Butt)領導的自治協會十分活躍，而原本一直在愛爾蘭政治上佔優勢的自由黨則迅速後撤。19世紀70年代初至90年代中期的農業不景氣更使形勢大大惡化。

1877年，巴涅爾(Charles Stuart Parnell，他和巴特

同是新教徒）成為自治黨領袖，並長期擔任領導職務，直到1890年因離婚醜聞而下臺。巴涅爾總是毫不猶豫或毫無窘迫感地準備利用一切可能的政治形勢，但即使這樣的強硬路線在某種程度上也趕不上為農民爭取個人擁有土地權的土地同盟。1879年，巴涅爾多少帶着複雜心情擔任了同盟主席。土地同盟使「暴力」型的芬尼亞派和「道義」型的巴涅爾派強有力地融合在一起，形成了民族主義的、天主教的人民陣線。在1879至1882年農業最蕭條時期的「土地戰爭」中，土地同盟發動持續的鬥爭反抗驅逐佃戶的行為；他們用暴力處理驅趕事件，用聯合一致、不與之交往的辦法「杯葛」驅逐佃農的人（「杯葛」因查爾斯·博伊科特上尉[Captain Charles Boycott]而得名，他在面臨社會、經濟上被孤立起來的局面時精神崩潰）。愛爾蘭鄉村的暴力事件，1882年愛爾蘭事務首席大臣、格萊斯頓的內侄婿卡文迪什勳爵（Lord Frederick Cavendish）的遇刺事件，使英國的有產階級感到震驚並駭懼，因為正如我們瞭解的，英國早已習慣很低的暴力犯罪水平。

愛爾蘭自治

1880年，格萊斯頓政府處理愛爾蘭危機時，一手採取高壓政策，另一手則妥協退讓，通過了1881年的土地法，滿足了農民的不少要求，但是不給他們合法擁有土地的權利。自治黨在愛爾蘭問題上的影響力增

強（1884年的郡縣選舉改革亦起了作用），1885年12月的大選中贏得86席，從而在議會中成為自由黨和托利黨之間舉足輕重的力量。格萊斯頓曾私下謀求索爾茲伯里同意兩黨共同處理愛爾蘭問題，但遭到拒絕，遂明確表態支持愛爾蘭自治，快刀斬亂麻地解決了這個難題。格萊斯頓的決定和自由黨思想的大方向完全一致，但選擇這個時機推出卻是認準了政治上的需要；此後，自由黨無需愛爾蘭自治黨議員為其遊說支持而取得政權的，唯有1906年這一次。大多數自由黨人支持權力下放，支持格萊斯頓所說的「正當地爭取自由」的各民族的權利。1886年時，愛爾蘭已經證明自己是這樣一個民族，這點很難否認；問題在於，應該承認這種民族性還是粉碎之？此外，雖然1886年格萊斯頓推出的溫和的自治議案並不承認愛爾蘭的獨立地位，可是反對議案的人爭辯說，首先，不管巴涅爾如何保證，這個議案從長期看會導致愛爾蘭的獨立；其次，新教徒大多聚居在阿爾斯特的首府、工業城市貝爾法斯特，議案並未給他們任何保障，讓其免受「羅馬統治」之苦。

這一系列複雜的事件導致英國政治中的重大轉折。1886年夏季，面對格萊斯頓提出的愛爾蘭自治議案，自由黨分裂了；93個議員隨托利黨人對議案投了反對票，其中多數是哈廷頓勳爵（Lord Hartington）領導下的輝格黨人，但也有一些約瑟夫・張伯倫領導下的

激進議員。這次投票造成自由黨政府下臺，開始了長達20年的托利黨（或曰統一黨，反自治聯盟的名稱）獨霸政權的局面。隨着自由黨統一主義派（即背叛了自由主義的人）的倒戈，相當數量的自由黨報紙，還有一直以來為自由黨支付了大部分選舉經費的所有土地貴族也都隨之而去。雖說自由黨在貴族院裏成了一支很小的少數派，但對自由黨來說，影響更大的可能不是有多少議員倒戈，而是損失了輿論號召力和金錢。 1886年的分裂削弱了自由黨，但格萊斯頓也因此控制了自由黨，控制了全國自由黨聯盟[1]。1891年，聯盟在紐卡斯爾集會，格萊斯頓接受了其激進計劃，從而鞏固了自己對聯盟的掌控。就這樣，愛爾蘭自治問題讓自由主義聽命於格萊斯頓。1886年以前，愛爾蘭阻礙了二級議案的通過[2]，因此提出自治案不但正確，而且很有必要。但是，1886年以後，考慮到貴族院存在的事實，自治案是不可能通過的。[3]可以說，愛爾蘭自治問

1　原文中的Liberation可能為Liberal之誤，該組織應是十八章提到的由張伯倫等組織起來的比較激進的全國自由黨聯盟（1877年）。本書第二作者所著並得到廣泛好評的《格萊斯頓傳》中（H. C. G. Matthew, *Gladstone, 1809–1898*, Oxford: Clarendon, 1997），多次提到這個聯盟，尤其515頁提到1891年聯盟在紐卡斯爾的大會。

2　巴涅爾在議會中帶領自治黨人堅持不懈地採取阻撓議案通過的方針，使議會的議事停滯不前。他的目的是強迫英國議會聽取愛爾蘭人的訴求。

3　1893年格萊斯頓提出第二個自治議案，下院勉強通過，但被上院否決。詳見本章最後一節和二十三章。

題既激勵自由黨人為正義而戰，也讓他們被挫敗感折磨了二三十年。

蘇格蘭和威爾士

　　愛爾蘭的事態自然影響到蘇格蘭和威爾士。在這兩個地區，取消國立宗教亦成為政治問題，兩地也都經歷了土改運動。發生在愛爾蘭部分地區的暴力行動在蘇格蘭和威爾士很少見到，不過1882年在斯凱島動用了軍隊鎮壓小佃農的示威活動。兩地都有議員要求實行「全面地方自治」；19世紀後期的威爾士和蘇格蘭同愛爾蘭一樣，也經歷了民族文化的復興；地方自治運動在文化復興的推動下興起，19世紀80年代後期和90年代在自由黨內部取得了相當大的影響力。然而，和愛爾蘭不同的是，自由黨成功地將蘇格蘭和威爾士的準民族主義運動抑制在內部。在一定程度上，這是因為同愛爾蘭相比，在蘇格蘭佔支配地位的工業部門，以及在威爾士比重越來越大的南威爾士煤田，使這些地區同帝國經濟的聯繫緊密得多。在蘇格蘭南部和南威爾士，自由黨的帝國主義湮沒了民族主義。

托利大聯合

　　自由黨分裂了，儘管他們在19世紀80年代末作出各種努力，仍然無法統一。托利黨則鞏固了自己的權力。他們並非活躍的倒行逆施派。索爾茲伯里從50到

70年代裏曾激烈反對自由黨的政策，但他現在沒有做任何事情去推翻自由黨在那段時間裏取得的成就。他們的立場，他們同自由黨統一派的聯合，靠的並不是做甚麼事情，而是不讓事情做成。這個時期也有一些立法通過，特別是1888年建立經選舉產生的地方議會的議案，1890年一項改善勞工階級住房條件的議案，後來還有1902年那部為建立中等教育系統做了一些努力的教育法；但是1886至1905年間統一黨獨自掌權的時期並不具有立法上的重要性，統一黨亦無意着力立法行動。

城市選民是托利黨的基本依靠對象，他們希望19世紀五六十年代的自由主義國家能延續下去，而不要新增加的如地方自治之類的自由主義內容。他們拒斥格萊斯頓的自由主義，並非因為它背棄了世紀中葉自由貿易的年代裏所取得的進步，而是因為格萊斯頓式的自由主義者似乎已走得太遠，超出了這個時期的目標。所以說，反格萊斯頓聯盟在很大程度上依靠自治這個議題將其成員攏在一起，並把自由主義者關在門外。聯盟的冒險甚至超出反自治案的姿態，承擔着危及選舉結果的風險；後來在20世紀的頭幾年裏聯盟將會認識到選舉失利的危險。

自由黨繼續提出自治案，等於為聯盟維持下去幫了忙。1892至1895年自由黨少數政府短暫執政(這是格萊斯頓的最後一任，1894年他退休後由羅斯伯里伯爵

[Earl of Rosebery]繼任首相），花了很大的精力搞了第二個自治議案，雖總算讓下院通過了議案，到了上院卻又被扔了出來。自由黨可以把英格蘭郡縣、蘇格蘭、威爾士和愛爾蘭等相互各異的力量拼湊起來，成為多數派，但他們無法使局面持續下去，無法重複這個多數。統一黨令人信服地贏得了1895年的大選，1900年再次證實多數地位，後面這一次是利用他們在南非戰爭中的暫時勝利突擊舉行了「卡其大選」[4]。

4　英國軍裝使用的土黃色卡其布或卡其毛料。後用於指非常時期大選，突擊大選。

第二十章
不情願的帝國主義者？

統一黨反對地方自治的理由中始終有一個帝國的層面：帝國的權力是不可以移交的，1800年通過英愛合併法時的情形本身就說明愛爾蘭的重要戰略地位，而自治案會再次將愛爾蘭置於危險境地。在19世紀的最後三十多年中，帝國的問題已經在很大程度上成為公眾關注的問題；現在必須看看這些問題對英國在世界上的地位產生了甚麼樣的影響。

貿易和國旗

總體上說，英國並不尋求更多地直接行使帝國權力，無論在公眾中還是在政治上，要求擴大帝國權勢的壓力集團都沒有甚麼影響力。在一些老的白人移居地區，壓力團體甚至追求並促成了權力移交，1867年通過了加拿大自治領法，1900年通過了澳大利亞聯邦法。然而，19世紀的最後40年中，英國在非洲、遠東和太平洋地區吞併了大片土地。1851年時，英國就已是世界的商船，在國際海運方面佔絕對優勢，甚至1870年以後，當英國的製造業產品在走下坡路時，它

仍保持着貿易的優勢。因此，即使缺少正式的英帝國的權力機構，但哪裏有貿易，哪裏就有英國的利益。這麼看來，在正式的領土兼併之前就有非正式的帝國主義存在：沒有甚麼話比「貿易跟隨國旗而來」這個諺語更不符合實情的了。在幾乎所有的具體事件中，事實都正好相反。正如康拉德(Joseph Conrad)的小說所描寫的那樣，無論多麼遙遠的小港灣，都不會沒有英國的代表在那裏組織煤油和土產的運輸事宜。

在東非和中非地區，歐洲人最初來到時往往帶有宗教性質，像戴維‧利文斯通(David Livingstone)的福音派醫務傳教士一邊傳播福音，一邊治病救人，並且揭露了不人道的內陸奴隸貿易。1871年斯坦利(H. N. Stanley)「援救」利文斯通的事件經前者嫻熟的自我宣揚[1]，成為維多利亞時代一則著名的冒險故事，並大大增進了人們對「黑暗大陸」的興趣。

在有些地區，英國的貿易企圖得到了武力支持。一個著名的例子就是印度政府把持着鴉片專賣[2]，英國

---

[1]　利文斯通在1866年去非洲探索尼羅河源頭後與外界失去聯繫，1871年美國記者斯坦利接受搜救任務，冒險來到坦噶尼喀湖邊，找到了身陷困境的利文斯通。這段經歷被他寫成書，《我怎樣找到了利文斯通》於1872年發表。

[2]　印度政府指英國在印度的代理機構，即東印度公司。18世紀末，英政府着手治理腐敗，將東印度公司置於政府監管之下，公司漸失去原有的決策和貿易專權，1834年後基本上只是英政府在印度的管理機構，1857年印度兵變(孟加拉東印度公司的印度士兵起義)，此後東印度公司撤銷，英政府開始直接治理印度。18世紀後期，東印度公司從葡萄

通過一系列「鴉片戰爭」強迫中國政府全面開放通商口岸；事態發展的頂點是1858年的《天津條約》，那是英帝國主義功業中最不光彩的一筆，因為該條約並非處理地方危機的附加結果，而是出於深思熟慮的一貫政策。有時政府通過特許公司的機制間接參與殖民管理事務，使初始規模很小的貿易得以發展。特許公司是政府擔保其在一個地區享有貿易和行政管理權利的貿易公司；尼日利亞、東非和羅得西亞都以這樣的方式最終落到英國的統治下；這是因為當一個公司破產時(或實際破產時，如塞西爾·羅茲[Cecil Rhodes]的英國南非公司在1920年前從未分過紅利，1923年被接管)，英國政府別無選擇，只能擔當起公司的行政管理責任。

印度

除了巨大的、主要是非官方的貿易網絡之外，還有處於正中央的印度這顆「鑲在帝國王冠上的大寶石」。雖說現在印度的利潤已經不那麼豐厚，但就安全問題而言，它在英國思想中仍是除了歐洲事務以外的焦點。1857–1858年的印度兵變後，老的東印度公司結束，它的領地由英國直接治理。1876年，因女王的明確要求，英國議會通過一項法案，封她為「印度女皇」。

牙和荷蘭商人手中奪取印度的鴉片專賣權，在孟加拉建立了壟斷性的鴉片種植和製造業，主要出口對象就是中國。

為了保護印度的安全，也為了保護往返次大陸通道的安全，英國吞併了許多地方，如在印度附近的緬甸和馬來亞。這樣做多半是應加爾各答的印度政府的迫切要求；印度有自己推行帝國主義的計劃，它做這件事情和它做每件事情一樣，都經過系統周密的計劃，和倫敦那種無計劃的任意行事方式有很大的區別。在這條路線上，埃及和蘇丹歸屬英國控制了，帝國向東非和南非的擴張至少部分地出於保障印度安全的考慮。當然，這麼簡單的說法遮蓋了有關每一次領土兼併的極其複雜的敘述。最有爭議的是對埃及和南非的佔領，對這些地區應給予一定的關注。

克里米亞

印度通道使地中海東部，尤其靠近俄國那一帶的安全問題成為英國長期的困擾。1854至1856年間，英國和法國派遣強大的艦隊和軍隊去支持土耳其，皮埃蒙特－撒丁國後來也加入進來。克里米亞戰爭有一系列錯綜複雜的起因，但最根本的原因是俄國向散亂、疲弱的奧斯曼帝國擴張。英、法這兩個歐洲最「先進」的國家同「落後」的俄國交戰，其表現令人失望，有些方面簡直是無能，雖說從海上如此遠距離地為龐大的軍隊運送給養確實造成前所未有的問題。通過電報傳來並出現在報紙上有關部隊艱難處境的報道，便赤裸裸地凸現了這類問題，也凸現出自由國家

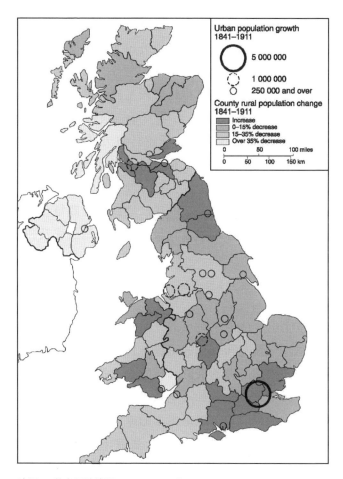

Urban population growth 1841–1911

○ 5 000 000

○ 1 000 000

○ 250 000 and over

County rural population change 1841–1911

Increase
0–15% decrease
15–35% decrease
Over 35% decrease

0   50   100 miles

0   50   100   150 km

地圖4　英帝國的擴張，1815–1914年

發動戰爭的悖論。也是在報道中，有「執燈的夫人」之稱的弗洛倫斯・南丁格爾(Florence Nightingale)成了名人。戰爭的凝滯狀態很像日後1914–1918年戰爭中的僵局，基本上就是一連串的圍困行動，最後才在克里米亞和小亞細亞土耳其的卡爾斯血腥地決出了勝負。土耳其是保住了，英國就這樣又扶起了奧斯曼帝國，而埃及就是其中的一個行省。

土耳其

對土耳其的希望是它會實行改革，按現代自由國家的方式辦事。但這個希望破滅了。到了19世紀70年代，土耳其又一次面臨解體，並遭遇俄國襲擊。1874至1880年間的迪斯累里政府仍延續了克里米亞戰爭時捍衛土耳其領土完整的方針。格萊斯頓領導的反對黨自由黨則反對說，這個方針已無可行性，支持將「歐洲境內的土耳其」之大部分領土瓜分為數個獨立的基督教國家。出席1878年柏林會議的「歐洲同盟」[3] 就肢解土耳其達成一致。迪斯累里帶着「和平加榮譽」回到倫敦，英帝國得到了被認為對地中海東部具有重大戰略意義的塞浦路斯島，可實際上塞浦路斯完全無法用作海軍基地。

3　拿破崙戰爭後歐洲出現的奧、俄、普、英四國同盟，也譯作「歐洲協調」、「歐洲一致」、「大國協調」、「歐洲協商」等。這是歐洲大國間協調、合作的機制，尤其是對領土問題進行協商的形式，對維護19世紀上半葉歐洲的和平、穩定發揮了作用。

埃及

土耳其在土崩瓦解，埃及也面臨動盪的局面。變得日益自立的埃及組織興修蘇伊士運河；運河於1869年開鑿，成為英印交通線的重要環節。開鑿運河的引入資金破壞了埃及的穩定，使埃及的社會和政治開始解體。1875年，迪斯累里買下赫迪夫（Khedive）在運河管理公司的大宗股票。[4] 因此，當埃及債臺高築，瀕臨破產，國內發生圖謀政變的起義的時候，英國對局勢的關注不僅出於一般的戰略考慮，而且與直接的經濟利益相關。格萊斯頓尋求其他解決方案未果，不得已於1882年代表運河債權人入侵並佔領了埃及，英國佔領軍一直到1954年才撤走。不過埃及從未被正式併入英國，因此它的地位類似於理論上獨立的印度各土邦。19世紀80年代和90年代英國同蘇丹的起義者進行了一系列戰爭，在陸軍元帥基奇納（Field Marshal Kitchener）的指揮下，最終於1898年的恩圖曼[5] 戰役中，無情地粉碎了1885年殺死獨行者戈登的馬赫迪所領導的起義，接下去自然就是英國正式吞併了蘇丹。[6]

4　赫迪夫是1867至1914年間土耳其蘇丹授予埃及執政者的稱號，相當於埃及總督。運河開鑿耗費兩千多萬英鎊，主要是法國等歐洲國家用社會公眾認股方式募集，引發埃及的財政危機。

5　又譯烏姆杜爾曼，蘇丹中部城市。「馬赫迪」是伊斯蘭教救世主的意思，起義領袖的本名是穆罕默德．艾哈邁德，他成立的「馬赫迪」國定都恩圖曼；起義於1881年開始，馬赫迪本人於1885年去世，此後他的兒子繼任。

6　1879年英法共同託管埃及，1882年英國佔領埃及，1915年宣佈埃及為

就這樣，土耳其的衰落使英國變成了地中海東部和東北非洲的強國。

南非

在南非發生的情況沒甚麼不同，只是那裏的布爾人使事情變得複雜。1795年英國為保護去印度的通道而佔領了開普殖民地。[7] 19世紀30年代，布爾人有組織地趕着牛車北遷，南非內陸的安全形勢對開普殖民地產生影響。曾有各種計劃提出來，要將布爾人合併為一個聯盟；1877年，迪斯累里政府趁布爾人力量被祖魯人削弱之際，將聯邦強加給了布爾人。[8] 將領的無能（這是英國南非軍事行動的特徵）致使800名英軍在伊桑

其保護國；1870年代，英國插手蘇丹，鎮壓馬赫迪大起義，1898年攻陷恩圖曼後，宣佈與埃及共管蘇丹，實質是英國控制。

7　1795年英軍攻陷好望角（位置在開普敦南面），後放棄，19世紀初又重新佔領。18世紀時從英國到印度要繞道好望角。

8　白種布爾人是17世紀移民南非的荷蘭人的後裔，以農耕畜牧為生。19世紀初，英國以重金強取荷蘭的開普殖民地，布爾人不滿臣服英人的地位，遂有向北方內陸的大遷徙。遷徙也是布爾人對南非的黑人國家祖魯王國進行殖民征服的過程。30年代末，驍勇的祖魯人和布爾人進行激烈的戰爭，英國殖民者也曾派兵援助布爾人，最終祖魯王國失敗割地，但布爾人的共和國在40年代初也被英殖民者吞併。50年代以後，布爾人擺脫英殖民統治，成立或恢復了兩個布爾人國家，即奧蘭治自由邦和南非共和國（稱為德蘭士瓦）。這個時期祖魯新一代領導人起來為保衛獨立和尊嚴而戰。英國既想控制布爾人 —— 將兩個共和國納入南非聯邦，又想佔領祖魯人的土地（下文提到的伊桑德爾瓦納戰役是英軍和祖魯人之間的戰爭）。南非問題不僅在於這幾方互相之間的複雜關係，還牽涉到英國殖民部和南非英裔殖民者之間的複雜關係，後者和布爾人都抵制南非聯邦。

德爾瓦納的戰役中喪生，這是殖民戰爭中很少見的長矛戰勝槍炮的情況。當然，英國人只是暫時受挫，後來祖魯人在烏隆迪之戰中慘敗（1879年）。布爾人又想重新贏回獨立。在一次短暫的戰爭中[9]，英軍一支小部隊在1881年的馬朱巴山戰役中戰敗，英國巧妙地向布爾人發動了完全超出該戰役軍事意義的宣傳攻勢，同布爾人達成了語焉不詳的協議：德蘭士瓦和奧蘭治自由邦獨立，但服從英國的宗主權。

鑽石礦投入開發和1886年在德蘭士瓦發現的黃金礦改變了局勢。就財政而言，南部非洲已經切實成為英國最大的皇家寶石。就如在埃及發生的情況一樣，塞西爾·羅茲等人引導資金流入，破壞了布爾人農耕經濟的穩定性。德蘭士瓦和埃及一樣經濟破產了，但布爾人在保羅·克留格爾（Paul Kruger）的領導下仍保持了嚴格意義上的政治控制。[10] 1896年羅茲的密友詹姆

9　即第一次英布戰爭，1880年12月布爾人宣戰，1881年2月英軍在馬朱巴失敗（92名士兵陣亡），戰後簽訂《比勒陀利亞條約》。據本書第二作者的研究，格萊斯頓「圓滿地處理了這場危機」，將馬朱巴之敗歸咎於指揮官科利（Colley，已陣亡）失去常識，草原部隊協調不力；說本來內閣已經提出要派皇家調查委員會同布爾人交涉，委員會幾乎肯定將提出終止兼併的方案，但科利的莽撞把停戰的事情搞砸了；他維持了媾和談判的現行政策，即英方不再要求兼併，但也要布爾人在一定程度上承認英國在這個地區的最高地位。H. C. G. Matthew, *Gladstone, 1809–1898* (Oxford: Clarendon, 1997) 406-407。

10　克留格爾當時是德蘭士瓦共和國總統（1883–1902），因德蘭士瓦發現金礦，外國人（主要是英國人）蜂擁而至，克留格爾的政策是移民住滿14年才給公民權，引起英國不滿；米爾納到任後要求降到5年，克不允，終於爆發第二次英布戰爭。

森(Dr Jameson)挑動外僑(居住在德蘭士瓦但不享有政治權利的英國人)起事，但遭到失敗。新來的高級專員艾爾弗雷德·米爾納(Alfred Milner)聲稱英國權利高於布爾共和國，決心用戰爭擊潰克留格爾。1899年，在米爾納的挑釁下，克留格爾對開普殖民地發動進攻，於是一場預計將是速決的有限戰爭開始了。可是布爾人是德國裝備，而英國人在殖民戰爭中慣於同未經訓練的、沒有火器的土著打仗，故顯得笨拙無能，打了一系列敗仗，後來在重型武器助陣的情況下，才於1900年攻下布爾人的主要城池。戰爭似乎已經結束，殖民大臣張伯倫力勸索爾茲伯里舉行「卡其大選」，統一黨輕易成了贏家。然而布爾人不接受失敗，用遊擊戰頻繁騷擾英軍。英軍施以報復，燒毀布爾農莊，掃蕩草原，把布爾人家庭統統趕往「集中營」。營內死亡率居高不下，引發英國激進人士的抗議。繼羅斯伯里擔任自由黨領袖的亨利·坎貝爾－班納曼爵士(Sir Henry Campbell-Bannerman)問道「甚麼時候戰爭不再是戰爭了？」他自答道「就是當它在南非用暴虐的方式進行的時候。」1902年談判議和：米爾納失敗了，他沒有達到粉碎南非白人的社會政治結構的目的。

第二十一章
世紀末的反撥：新的國家觀念

　　布爾戰爭極其昂貴，其耗費超過19世紀英國所有帝國主義行動費用之總和。它沒有摧毀布爾人，但卻摧毀了格萊斯頓的財政體系，提高了政府的開支水平，此後再也降不下來。這場戰爭也使此前知識界一直在考慮的問題以鮮明的具戲劇性的通俗形式表達出來。戰爭中，白人殖民地派兵支援，表明帝國的力量和對帝國的忠誠，但戰爭也揭示了帝國的虛弱。它好像攤子鋪得太大，協調配合很差。英國海軍已經不再具有絕對優勢，法國海軍加上德國、意大利、美國和日本的力量對英國形成威脅。「光榮的孤立」政策開始顯出危險性。

　　19世紀70至90年代，帝國之間的競爭曾意味着法國通常看上去最有可能成為英國的敵人，而德國則最有可能成為英國的朋友。德國1898年的海軍發展計劃，它欲找到「太陽下的一個位置」的努力，同一時期的布爾戰爭中它助長克留格爾志氣的做法，都使德國看起來像強有力的威脅；厄斯金・奇爾德斯(Erskine Childers)的經典間諜小說《沙岸之謎》(1903年)就準

確地捕捉了時人對這一威脅的感覺。1902年英國同日本的結盟加強了印度洋和太平洋上的海軍安全。繼這一限定帝國責任範圍的努力後，[1]有更多的協議（法文稱「協約」）簽訂，1904年同法國簽訂條約，解決了英法帝國之間在北非問題上的分歧；1907年同俄國訂約，解決了兩國在波斯問題上的分歧。就這樣，布爾戰爭導致英國外交政策走上了「新路線」。這些「協約」的正式條款涉及歐洲以外的地區，但其真正的重要性卻在於歐洲內部關係；簽訂協約儘管並非結盟，然而在日趨緊張的歐洲局勢中，卻在一定程度上使英國承諾站在法－俄聯盟一邊，反對德國和奧地利。至於英國究竟會捲入到甚麼程度，當時並不清楚。

經濟

布爾戰爭引起的對世界安全的焦慮也使英國的相對經濟地位問題成為大眾的話題，因為國家的力量最終依靠的是經濟實力。19世紀50年代英國經濟的那種絕對優勢地位已大大下降。美國、德國、法國和俄國現在都是富有的工業強國了，美德兩國的某些經濟部門更是超過了英國。英國只是列強中的一個，而不再

1　19世紀後期，尤其在迪斯累里和索爾茲伯里任首相時期，英國在外交上奉行「光榮的孤立」，即不加入軍事同盟，不同強國訂立盟約，而是自己進行海外擴張。但是面臨世界上其他新老帝國主義日益強大的力量，英國不得不改變政策，同他國立約，劃分並相互承認各自的勢力範圍。

是無同道人的開路先鋒了。然而，英國的上流社會和政府在大部分情況下仍若無其事，好像根本沒有發生甚麼變化。自由貿易，最低政府開支，自主的自我調節的經濟等，這些19世紀五六十年代自由主義國家奉行的規則仍在延續，保守黨執政時幾乎和自由黨一樣小心翼翼地守護着它們。1851年，中央政府的人均支出是2英鎊，到了1891年只增加到2.5英鎊（到1913年是人均4英鎊）。19世紀80年代和90年代，這種情況遭到越來越多的批評，其中很多意見似乎在布爾戰爭中得到證實，並傳播開來。

19世紀50年代，克里米亞戰爭緩慢的軍事進展導致許多對上層統治階級無能的批評。南非戰爭中的軍事低效，招募的士兵素質低下，在有產階級中引發了公開的呼聲，要對國家整個的經濟、社會、甚至政治安排作出重新評價。

社會達爾文主義

在仔細考慮對傳統自由主義的各類批評之前，應該先看一看產生了廣泛影響的「社會達爾文主義」。先前我們已經看到，實證主義者大力支持自由放任主義的政策。到了19世紀80年代和90年代，社會達爾文主義的影響力開始採取一種不同的形式；「適者生存」的鬥爭已較少被視為人與人之間在市場上的競爭，而更多地被看作是國與國之間的競爭。這一轉變

戲劇性地減少了所討論的單位數，並提出了一些問題，即是否應將一個個的「種族」而非無數的個人作為調查研究的對象，「先進的種族」是否能夠通過政府的、社會的組織，或許甚至是遺傳因子組織，來控制自身的命運。當時關係到民族國家間競爭的帝國主義也激發了同樣的問題。

這一將英國的進化科學和德國的有機國家概念結合起來的觀念對當時的思想產生了巨大的影響：無論政治譜系上屬哪家哪派的改革者，從看似屬右派的詩人吉卜林（Rudyard Kipling），到新自由主義哲學家霍布森（J. A. Hobson），再到被認為是左派劇作家的蕭伯納（G. B. Shaw），全都共同使用「種族」的語言。隨着通俗報刊對許多小規模殖民軍事遠征成果的大量報道，社會達爾文主義的通俗版迅速變成同帝國主義聯繫在一起的、對種族優越論的輕易認定。適合大眾口味的遠征報道強調的是個人的勇敢，道德品質和進取精神，是「贏得了帝國的業績」；它們很少談到交戰雙方技術裝備方面的巨大差距：一方是用來福槍武裝的訓練有素的歐洲軍隊，在90年代還間或使用機關槍，而當地的武裝力量依靠的是集中使用的長矛，最好的情況下也就是幾杆零星的火槍。

「國家效率」

對自由主義國家典型的維多利亞式的批評來自三

大政治陣營：一是心存不滿的保守黨和統一主義者，認為他們的政治領導人過份墨守皮爾－格萊斯頓的財政政策準則；二是自由黨裏認為自由主義必須朝前發展以應對新挑戰的人；三是社會主義者，至少乍看之下他們是在挑戰整個國家秩序。從這些陣營裏出來的人物走到一起，提出了「國家效率」的口號，意在表明願意為一個適合於應對世界挑戰的「帝國民族」使用政府的組織和立法權力。

自由貿易國家的批評者

對自由貿易國家的批評從未停止過。19世紀後半葉，自由貿易國家的批評者中最具影響的當數藝術批評家、社會評論家約翰·羅斯金。雖說在政治上無法歸類，但在《給那後來的》(1862)等著作中，羅斯金那鏗鏘有力的散文抨擊了工業社會的美學，然而他並未作系統的批評性討論。他的美學批評後來被前拉斐爾兄弟會接了過去。後者是一個畫家、作家和工藝家的團體，強調英國前工業社會的價值，尤其是體現在威廉·莫里斯(William Morris)的作品和設計中的價值：所謂前工業社會是由手工藝匠人、心滿意足的農民和傳奇故事構成的神話般的國度。在此種種影響之下出現了設計和建築的全面革新，諾曼·蕭(Norman Shaw)以及世紀之交埃德溫·勒琴斯(Edwin Lutyens)的「英國式」住宅建築風格濃縮地表現了這種變化，

「英國風格」成了新市郊最好的住宅的特色。莫里斯的作品中還產生了一種經久不衰的社會主義修辭：那個強健的自耕農社會，那個田園式的、自給自足的平等社會，成了深入人心的形象。莫里斯並不直接對抗工業化，他繞過了工業社會。

前拉斐爾兄弟會的美學，以及他們對中產階級道德規範的全面批判，被19世紀80年代和90年代的唯美主義者賦予了新的動力，其中最著名的是才智出眾的劇作家奧斯卡·王爾德。王爾德和他的愛爾蘭同胞巴涅爾一樣，因其性行為習慣被公開揭露而身敗名裂。他那篇題為《社會主義下人的靈魂》的出色文章體現了唯美主義同個人主義而非集體主義的社會主義之間的關聯。

左派

1884年起，在以上各種社會主義傾向之外還出現了總部設在倫敦的費邊社。費邊社的成員中有韋布(Sidney Webb)，比阿特麗斯·韋布，蕭伯納，威爾斯(H. G. Wells)，後來還有年輕的麥克唐納(Ramsay MacDonald)，他們都是堅定的社會進化論者。與其說他們批評的是自由主義經濟秩序的不公正，不如說是其低效和浪費；他們認為，一個有中央計劃的經濟和勞動力市場，在訓練有素的專業精英人士的管理之下，會消除效率低下、商業的週期性盛衰循環以及由

此產生的失業和貧窮等問題。費邊社要通過立法而不是革命的手段，漸進地達到目標(以羅馬將軍[2] 的名字命名的費邊社仿效了費邊的策略)。

費邊社的主要貢獻可能在於幫助英國左派發展出新的「進步」觀；19世紀80年代，關於地方自治問題的爭吵沒完沒了，英國左派的視野越來越受到束縛。費邊社針對的是當時的整個知識界，它不是一個大眾性的運動。然而，當時在大眾中也醞釀着對格萊斯頓自由主義之局限性的不滿。原蘇格蘭艾爾郡煤田的礦工基爾·哈迪(Keir Hardie)就代表這樣一種觀點，即日益被工會組織起來的勞工階級應該在議會下院中有自己的代表(那時議員仍不取報酬)。哈迪曾於1888年參與組建蘇格蘭勞工黨，1892年代表西漢姆被選進議會，1893年在布拉德福德創立獨立勞工黨。該黨自視為社會主義政黨，但它很難建立起得到群眾廣泛支持的組織。它和自由黨一樣也使用反帝國主義的語彙，支持「全面地方自治」，但它還提倡國有化。亨·邁·海因德曼[3] 的社會民主同盟因有準馬克思主義的意識形態而更有活力，但它在大眾中也沒有站穩腳跟。

---

2 指馬克西姆斯(Quintus Fabius Maximus, ?–前203年)，他在與強敵的周旋中避免正面交鋒，而採取謹慎、拖延待機的辦法。

3 曾就讀於劍橋三一學院的亨利·邁耶斯·海因德曼(Henry Mayers Hyndman, 1842–1921)被認為是英國的第一個馬克思主義者，19世紀80年代曾對當時的英國社會主義領導人產生很大影響，但馬克思和恩格斯對他都不認可。

第二十二章

老自由主義，新自由主義，勞工主義及關稅改革

上述種種運動均影響有限；自由黨仍然是有壓倒性強勢的「左派」黨(19世紀80年代，「左派」一詞首次在英國的政治討論中被經常使用)。然而，運動中提出的種種思想，及其組織上獲得成功的危險，也凝聚了自由黨的思想。

土地改革

自由黨對19世紀最後20年的思想大辯論也作出了自己的貢獻。他們一向主張土地改革，現在受到美國人亨利‧喬治(Henry George)的《進步與貧窮》(1880年)等一類書籍的影響，對土改的熱情又一次被點燃起來。「在財富增進的情況下，究竟是甚麼導致了貧窮？」喬治提出這個問題後，給出了答案；粗略地講，產生貧窮是因為土地所有者收取的地租，是因為勞動者不能自由使用鄉村和城市的土地。解決的辦法是實行徹底的、切實有效的土地稅，即「土地單一稅」。在第一次世界大戰之前，甚至大戰之後，土地

戰始終是激進主義的一大主題。

　　阿諾德·湯因比問道：「我們曾將婦女兒童從礦山、工廠的惡劣條件中解救出來，現在為甚麼坐在一旁，平靜地眼睜睜地看着比那種劣境更惡劣的墮落發生？」湯因比是自由主義基督教歷史學家、激進派，他和格林（T. H. Green）的激進思想對19世紀70年代和80年代早期的牛津大學產生很大影響。[1] 湯因比的追隨者（如1884年在倫敦東區創建湯因比服務所[2]的巴尼特教士[Canon Barnett]）首先鼓勵知識分子個人的（往往是宗教的）奉獻精神，要他們親自到勞工階級中間去，觀察那裏的問題；其次，也是後來，鼓勵他們接受這樣一種認識，即只依靠自願捐助本身是不夠的，不足以解決勞工階級的問題。

1　阿·湯因比在牛津貝利奧爾學院任教期間講授英國工業革命經濟史，他去世後講稿被結集發表，《工業革命》（1884）是最早研究18至19世紀英國工業經濟史的重要著作之一。他的侄子阿·約·湯因比（1889–1979）是英國著名的歷史學家，著有研究世界文明興衰的12卷《歷史研究》。亦見第一章第一段。

2　亦稱湯因比館，用以紀念湯因比在那裏興建住房和圖書館的努力。該館是一種social settlement，即為在工業區居住並服務於貧困人群的大學畢業生建造的住宅，坐落在倫敦東區的懷特查珀爾；作為社會福利機構，它致力於成人教育、社會調查、改善環境等社會工作，至今該服務所仍很活躍。創建人巴尼特曾在該所現址附近的聖猶大教堂任職，他邀請牛津、劍橋的教師來這個工業區度假，瞭解勞工的生活工作狀況。

新自由主義

「先行的激進分子」已在期望政府大大加強對經濟的干預力度，期望有多得多的「積極的自由主義」，以確保人人都有發揮他或她的最大個人才能的途徑。要做這些事情肯定要花很多錢，自由主義者相信應該用增加直接稅的方式徵得，尤其要徵收遺產稅和累進所得稅，在增加國家稅收的同時也起到適度的財富再分配的作用。1892至1895年的自由黨少數政府就朝這個方向邁出了重要的一步，第一次通過有效徵收遺產稅獲得了用於加大社會改革力度和海軍建設所需的經費。

漸被稱為「新自由主義」的運動力圖讓自由市場「公正地」運作，用以證明市場體系的合理性；它試圖對資本主義作出理性的解釋，而不是要取代資本主義。新自由主義最得力的作者是約·阿·霍布森，他還猛烈抨擊了「不道德的」帝國主義。這個運動希望改變自由黨人，讓他們接受「新自由主義」，從而使自由黨成為有寬泛基礎的黨而延續下去，使它能夠持續不斷地吸收城市勞工階級，將他們融入自由黨。這樣做可以避免出現德國的情況，即勞工階級組織起以本階級為基礎的馬克思主義政黨拒絕承認德國國家政權的合法性。這一觀點也因自由黨的政治權宜考慮而得到強化。在塔夫河谷罷工案（1900–1901）[3] 中，司法

3　塔夫鐵路工會罷工所引起的工會和鐵路公司之間的訴訟案，法院裁定

部門作出一系列不利於工會的裁決，質疑他們有派出工人糾察隊及免去損失賠償的合法權利；這之後，一些在19世紀90年代迅速發展起來的工會便同獨立勞工黨聯手，於1900年成立了勞工代表委員會。在布爾戰爭中分成三派的自由黨正值其最疲弱的時刻，對於迄今一直站在自由黨一邊的工會積極分子，他們似乎無法給予任何補償。勞工代表委員會書記拉姆齊‧麥克唐納和自由黨進行談判，在1903年2月達成了關於選舉的協議，商定在自由黨和勞工黨的選區裏對代表進步的一方不分散投票，以免使統一黨人漁翁得利，但是在地方上將達成協定，使一定數量的工黨候選人有可能當選。

　　兩個左派黨之間的通融妥協表明它們之間在許多方面意見一致：工黨(勞工代表委員會於1906年更名工黨)成為「進步黨」的組成部分，至少暫時如此；它贊同進步黨的許多改革目標，對自由貿易同樣堅定不移。

關稅改革

　　統一黨人 ── 自由黨統一主義派領袖約瑟夫‧張伯倫和哈廷頓勳爵於1895年進入索爾茲伯里的內閣以後，托利黨和自由黨統一主義派聯盟就應稱為統一黨了 ── 希望原汁原味地保留英國政體，但他們中間的

工會賠償，等於否定工會有組織罷工爭取工人權益的權利。這起案子對工黨的早期發展起了很大的促進作用。

許多人也保留了那時的財政安排，仍然奉行自由貿易政策。索爾茲伯里儘管在兩院都是高票多數，但他並沒有做甚麼切實支持保護貿易的事情。他的黨內擁戴帝國主義的那一派卻越來越覺得有必要實行某種形式的帝國貿易保護。

他們有三大理由要實行保護制。首先，他們認為美國和德國的經濟之所以日益增長，是因為這些國家保護了自己剛發展起來的工業；在化工、電力、汽車等使用複雜精密技術的工業新時代裏，如果沒有保護制、一定程度的計劃性以及工業和教育之間的密切合作，英國必輸無疑，而唯有政府才能對所有這些事情進行指導和監管。其次，他們認為帝國關稅同盟(類似於19世紀早期德意志諸邦間的關稅同盟)可以整合帝國的經濟，讓英國生產工業品，殖民地提供原材料。再者，要想籌集足夠的款項進行社會改革，使帝國民族適應將來必然要發生的大國之間越來越激烈的競爭，那麼徵收包括糧食稅在內的關稅是除了直接稅以外的唯一選擇。

這個項目具體見於1903年時任殖民大臣的張伯倫推出的關稅改革計劃[4]；他的舉動讓前一年繼伯父索

4　張伯倫主張實行英國和殖民地附屬國的共同市場，對外收高額關稅(使英國的製造業少受美德等國競爭的壓力)，對內則實行關稅特惠。這個計劃構思了20世紀英國的政治方針，但在當時的英國屬超前計劃，因為自由貿易對廣大英國人來說主要意味着進口的便宜糧食；自由黨拿便宜的麵包大做文章，挫敗了關稅改革。張伯倫曾因領導自由

爾茲伯里勳爵擔任首相的阿瑟·貝爾福不無尷尬。關稅改革運動經費充足，組織和宣傳工作圓熟得力，它使統一黨分裂了(年輕的溫斯頓·丘吉爾[Winston Churchill]等少數議員則脫離了統一黨)。在一系列的補缺選舉和後來1906年的大選中，選民拒絕關稅改革，自由黨和29名工黨議員以懸殊比例勝出。19世紀八九十年代，英國拒絕了地方自治，但沒有背離自由貿易的道路。皮爾－格萊斯頓的開放市場和糧食低價的傳統仍有強大勢力：「大麵包小麵包」仍是自由黨的響亮口號。

維多利亞時代的終結

然而，儘管1906年自由黨贏得大選主要是否定性的因素在起作用——人們對關稅改革的反感，不從國教者對貝爾福的1902年教育法的厭惡(宗教復興使他們的隊伍大大壯大了)，對統一黨人處理帝國事務不力的普遍批評——但整個氛圍變了。「老自由主義」(還有「老托利主義」)雖仍有相當勢力，然而左派、右派以及自由黨自身對維多利亞自由主義國家的批評影響至深。

20世紀開初的幾年(關於20世紀應從1900年還是1901年的元月1日算起有不少爭論)，經濟狀況好的人

黨左派抵制愛爾蘭自治案造成自由黨分裂，轉而和保守黨結盟，但關稅改革案造成統一黨的分裂和保守政府下臺。

圖13 約瑟夫・張伯倫的關稅改革計劃攻擊自由貿易傳統，弗・卡拉瑟斯・古爾德的漫畫作品，載1903年11月12日的《威斯敏斯特公報》。

家已經普遍使用電燈、電話、打字機、留聲機、汽車，不久還有無線電和飛機；這些20世紀的典型器具用品在19世紀90年代就有，只是技術尚不夠完善，所以市場推廣很慢。1907年，世界上第一座作為電影院設計的建築在蘭開夏郡的科恩開業。倏忽之間，維多利亞年代及其專注的事物已恍如隔世。格萊斯頓1898年去世，維多利亞女王1901年去世，索爾茲伯里1903年去世，這三個最耀眼的公眾人物的相繼辭世強調了變化的來臨。

第二十三章
愛德華時代：控制國家危機

19世紀90年代和20世紀的最初幾年，對勞動市場的運作和社會狀況的一系列調查增強了對19世紀的國家作重新評估的趨向。查爾斯‧布斯(Charles Booth)的《倫敦百姓的生活和工作》(4個系列共33卷，1889–1903年間陸續發表)，西博姆‧朗特里(Seebohm Rowntree)的《貧窮：城市生活研究》(1901年)都屬這類調查。布斯和朗特里首次企圖將「貧窮」界定為一種社會現象(而不是像濟貧法那樣，將貧困界定為一種司法範疇)。朗特里發現，約克郡有超過27%的人口生活在他所說的「一級或二級貧困」之中。自19世紀80年代以來，對有工作的工人來說，生活水平可能是提高了，但人口比例中仍有相當大的一部分過着「貧窮」的生活(「貧窮」是個相對詞語)，掙扎在經濟崩潰的邊緣。這同我們此前注意到的一些王公貴冑耀眼的「富豪」生活形成了鮮明的對比。

差不多30%的人生活在貧困之中，這是個驚人的數字，也確實使當時的人感到震驚。但這個數字也意味着，有70%的人生活相對富裕，這個比例在19世紀

中葉「工資鐵律」[1]當道的年代裏是根本不可能想像的。19世紀60年代，財政大臣格萊斯頓承認，經濟運行中必然伴生着「龐大的窮人群」，維多利亞人模糊地也是無奈地意識到，在他們的四周存在着破敗、荒涼與苦難。馬修・阿諾德在《文化與無政府狀態》(1869年)中描寫道，倫敦東區有「數量巨大的、窮乏悲苦的、難以控制的勞苦大眾」[2]。因此維多利亞人將窮人問題看作是地區性的、個人的問題，應對措施也主要靠個人的慈善行動，去減輕他們所認識的窮人的痛苦，或者是幫助那些屬某些具體類別的「應得到救濟的窮人」，例如上等出身但生活艱難的人。到了世紀之交，系統的調查研究不僅敲響了警鐘，讓人們看到「帝國民族」竟然會如此窮困潦倒，而且還通過具體的數字表明問題是可以得到控制和補救的：只有搞清楚問題的大小，才有可能找到解決問題的辦法。自由貿易經濟學領軍人艾爾弗雷德・馬歇爾(Alfred Marshall)說，「1834年的問題是貧民救濟的問題，而1893年的問題則是貧窮的問題。」他的意思是貧窮已經成為可以明確界定、因而也是可以解決的問題。

---

1 古典經濟學家李嘉圖提出，指人口過剩將導致工資下降至勉強糊口的水平。亦見第十三章。

2 阿諾德，《文化與無政府狀態》，韓敏中譯，三聯書店2002年，179頁。

圖14 社會底層。格拉斯哥的母子倆，約1910年，這是朗特里説的10%生活在一級貧困狀態中的一例。不常見的早期閃光攝影照片。

貧窮和國家

　　1905至1914年間，尤其是1908年坎貝爾．班納曼去世，赫伯特．阿斯奎斯(Herbert Asquith)接任首相之後，自由黨政府付出了相當大的努力，開始學會接受並着手處理貧窮的問題。學校的免費餐(1907年)、養老金計劃(計劃是1908年阿斯奎斯成為首相之前就做好的，在接任他當財政大臣的戴維．勞合．喬治[David Lloyd George]的主持下通過下院審批)，先於凱恩斯赤字財政的發展法(1909年)、溫斯頓．丘吉爾的勞工介紹所(1909年)、勞合．喬治的國民保險法(1911年)，

即由國家、僱主和僱員共同承擔的、作為勞工生病和失業救濟金的強制性保險——所有這些立法以及許許多多小範圍的舉措組成了現

代福利國家的首批立法的界碑。維多利亞時代相信個人的德行和勤奮可以確保社會適度的興旺發達，而以上法案則建立在拒斥這個信條的基礎之上：改革就是承認資本主義是浪費、低效、傷害個人而不論其功績的，也等於承認光有「自願捐助制度」是不夠的。但無論怎麼說，這些仍然是主張自由貿易的人實行的改革，他們相信對資本主義制度做少量的調整就可以逐次消除資本主義的不公正現象，使之變得「公平」。

徵稅與貴族

這些改革是昂貴的，但要進行改革是多數人的一致意見；具體引發了爭議的是用提高稅收的方式來獲得改革所需要的經費，加之為了和德國擴充海軍的勢頭匹敵，英國要籌措鉅資建造一支無畏級戰艦艦隊，使爭論更加激烈。主張關稅改革的人提倡通過保護貿易的間接稅來籌款，自由黨則要立法擴大直接稅。1909年勞合·喬治的預算推出了向最富有階層徵收財產「超額附加稅」並徵收有效土地稅的方案，致使很長時間以來充滿怨氣的爭論趨於白熱化。貝爾福和統一黨利用上院否決了預算案。

上院越來越被用來作為挫敗自由黨立法的工具：1893年的第二自治議案以及1906至1908年內提出的一系列議案不是被修改得支離破碎就是被完全推翻，否決預算案是這種做法的極致。財政權一向是下院的特權，否決預算案等於打擊了英國代議制政府的根本信條。[3] 統一黨爭辯說，免除上院財政立法權的慣例意味着自由黨在利用這個慣例將財政立法轉向實際上的社會立法。然而，從結果來說，最終一切徵稅問題都是、而且向來就是社會性的問題。1910年的兩次大選，自由黨不得不依靠工黨和愛爾蘭的支持，不過他們仍然以明顯多數獲得了對上院權力的限制：統一黨的領導層雖然不是人人贊同，但最終讓步，1911年的議會法將上院的否決權限定在兩年之內。

3　按英國政治慣例，財政法案只能由內閣向下院(平民院)提出並在下院通過，上院(貴族院)只能討論和建議，沒有否決權。下院如否決重要議案、財政預算案等，內閣就應辭職或請君主解散下院，提前大選，故一般下院會提批評，但不輕易否決財政預算。1909年上院否決財政預算案，被下院認為是嚴重的違憲行為，兩院兩黨爭執不下，最後愛德華國王從中斡旋，議會擬定並通過了議會法(1911)，規定財政法案在下院通過後，如上院一個月內未予通過，即可直接交國王批准成為法律，對是否屬財政案有爭議的交給下院議長裁定(按英國慣例，擔任議長的議員應退出原屬黨派，在議會中保持不偏不倚的態度)，被認定為財政案的，上院無修正或否決權；其他議案，上院只能否決兩次，或者說只有兩年的延擱否決權，只要下院連續三次通過並得到君主批准，即可成為法律。

自治法

這一場體制大戰開始時提出了一個關於社會結構的根本問題：增收的稅費由誰來負擔 —— 是通過超額附加稅加到富人頭上，還是通過糧食稅加到窮人頭上？在爭論過程中，又提出了另一個關係到英國憲政結構的問題：自由黨在其愛爾蘭支持者的要求下，又提出了第三個愛爾蘭自治議案。根據議會法，這個自治案連同撤銷威爾士聖公會國教地位的法案都在1914年正式成為法律[4]，但因幾年戰爭期而延期執行。

統一黨勉強吞下了預算案的苦藥，但自治案他們無法容忍。在新領袖安德魯‧伯納爾‧勞（Andrew Bonar Law）（1911年接替任貝爾福擔任統一黨領袖）的默許下，他們接過了倫道夫‧丘吉爾勳爵（Lord Randolph Churchill）在1886年設計的口號並按其字面意思行動起來：「烏爾斯特為正義而戰，正義在烏爾斯特一邊」。槍支運進了北愛爾蘭，其中不少是德國造；軍隊對國家的忠誠受到懷疑。統一黨已經三次被英國選民整體剝奪了執掌權力的機會，儘管自由黨已經在烏爾斯特的問題上作出了實質性讓步，而且讓步可能是

4　第三自治案由阿斯奎斯政府於1912年提出，並在下院通過，但上院動用了延擱否決權，不予通過，保守黨還策動北愛爾蘭新教徒製造事端；根據議會法，凡是下院兩年內連續三次會議通過的法案都可繞過上院直接請國王簽字，為緩和局勢，喬治五世於1914年批准了愛爾蘭自治案，但不久後英國對德宣戰，政府以戰爭為由宣佈自治法暫緩實行。戰後政府又提出了新的法案，愛爾蘭南部成為自由邦。

比較早就提出的，然而1914年，統一黨還是將愛爾蘭拖入內戰的邊緣。第一次世界大戰的爆發使後人無法瞭解統一黨在當時是否會越過界線發動內戰。

愛德華時代的英國對於政治和政治家來說都是一段動盪不安的時期。自由主義的復興，自由黨願意對許多久拖不決或長期被否決的問題作出妥協的姿態，都讓統一黨感到棘手；無論執政還是在野，統一黨仍然自視為英國理所當然的統治者。

婦女

如果說老的統治階層江河日下，引發了極大的動亂，那麼新崛起的勢力也在四處出擊。婦女選舉權運動回到穆勒要求將婦女選舉權寫入1867年改革議案的立場。[5] 那時有的婦女已經可以參加地方選舉和國教的宗教會議選舉，並有資格成為地方議會、學校董事會和濟貧委員會的候選人。19世紀70年代和80年代，中產階級婦女被賦予了很有限的公共角色，如輔助牧師、醫生或議員的工作；擔任慈善機構的秘書──這類機構的主席幾乎總是男性；參加大學考試但是不被授予學位，等等。可是現在，光有這些權利不夠了。

5　穆勒作為議員提交了在曼徹斯特成立的婦女選舉權委員會的請願書，委員會徵集了1,500多人簽名。這裏說的回到穆勒，主要指爭取婦女在全國選舉中的投票資格。此後多年中，婦女選舉權議案屢屢提屢敗；但如下文中說到的，從1869年起，婦女(指納稅婦女)在地方上獲得了一些政治權利。

不准參加帝國議會的大選已經被視為一種剝奪；爭取婦女選舉權的運動也是推動新公民概念的運動。

1897年，米莉森特·福西特（Millicent Fawcett）的全國婦女選舉權協會同盟聯合了一批有名的爭取選舉權團體，成為有廣泛基礎的、無疑具有自由主義背景的運動，並取得很大進展。但是潘克赫斯特（Pankhurst）領導的婦女社會政治協會（1903年）後來居上，勢頭蓋過了前者。婦女社會政治協會日益提倡針對財產和政治家個人的激烈行為[6]，同時也因被判監禁和進行絕食抗議而使其成員備嘗艱辛，甚至有人因此死去。婦女社會政治協會究竟促進了還是阻礙了婦女爭取選舉權的事業，這個問題不好下定論：一方面它戲劇性地渲染了婦女的理想；另一方面，其暴力主張也疏遠了許多本來可能支持她們訴求的議員，尤其是首相阿斯奎斯，從而降低了立法成功的可能。儘管在自由黨和工黨內都有議員承諾支持，有少數統一黨人也表示過支持，但是到1914年為止，議會沒有通過任何關於婦女選舉權的法案。

工聯主義與勞工

愛德華時代還經歷了工會運動的大發展，工會會

6　婦女協會的強硬行為包括多次衝擊議會，焚燒車站，搗亂會場，向政府部門投石示威，衝擊藝術館並毀壞藏畫，炸毀勞合·喬治的宅邸，等等。有一名成員甚至以死明志，在賽馬場與國王的馬衝撞而死。

員從1901年的200萬人擴大到1913年的410萬人。1908年以後，物價飆升而工資滯漲，促使工會運動風起雲湧，發揮了自己的威力。1910到1912年間發生了一系列的罷工，其頂峰是1911年的首次鐵路工人大罷工；當時的財政大臣勞合·喬治緩和了緊張局勢，這本身也成了一個先例。由於工黨黨員資格必須通過加入工會獲得，也由於大多數工會陸續成了隸屬工黨的組織[7]（此前一直支持自由黨的煤礦大工會於1909年加入工黨，是該黨一大勝利），工黨實力大大加強了。隨着意識形態討論的激增，工黨又成立了涵蓋面很廣的選區黨組織系統[8]；關於意識形態的許多討論必然帶有烏托邦性質（並且受到了威廉·莫里斯的啟發），因為實施的手段仍然十分有限。

工黨在議會下院內有牢靠的基礎，但是規模很小，而且在相當程度上依靠與自由黨的結盟，如1906年的大選中，這種結盟為工黨帶來29個議席。工黨在

7 職工大會（相當於總工會）下的工會組織是工黨內影響最大的力量，工會以集體名義加入工黨，可以說工黨基本上是工會黨，其黨員絕大多數是工會集體黨員，很少個人黨員；工黨基本受工會操縱的情況直到1993年工黨的改革以後才有所改變。工黨初創時期其他的成分有費邊社等社會主義團體、獨立勞工黨和社會民主聯盟等。

8 選區黨組織和工會組織一樣，也是附屬於工黨的團體，都屬工黨的基層組織，但不同的是選區黨吸收個人黨員（1918年後），不過在領袖選舉中，選區黨也是由團體領袖憑投票卡進行集體投票（1993年以後才廢除集體投票制，採取一人一票制）。按選區來建立黨組織有很明確的圍繞競選的目的，這是西方政黨的通常做法。

議會選舉中收穫有限其實並不奇怪，因為在它能期待成功的工業中心裏，有60%的成年男性尚未獲得選舉權。那時，下院的工黨議會黨[9]基本上將自己看作是為工會謀利益的壓力集團，在塔夫河谷案之後、1906年勞資糾紛法的出臺過程中，它成功地修訂了自由黨提案中的條款，阻止了工會在法律上被兼併改組。工黨也介入社會問題和對外政策。威斯敏斯特的這種緩慢的進步使一些工聯主義者(如著名的威爾士礦工工會)轉向了工團主義運動[10]，即避開議員、議會和代議制政府機構，而用工會的「直接行動」去提高勞工的控制力。

工黨的存在和成功同工聯主義的擴張及其遭遇的困難有密切聯繫，反映出他們和自由黨之間不同的社會基礎以及思想認識上的分歧。勞工運動之所以團結，是基於其文化和社會上的親和力，也就是工人們

---

9 議員進入議會後不能自行其是，而必須由屬同一政黨的議員組成議會黨團，統一本黨議員在議會中的行為。第十九章中多次提到的巴涅爾的自治黨就是下院內的議會黨。包括工黨在內的政黨通過督導員制度對議會黨進行監督和嚴格的紀律約束。1993年以前，參加工黨領袖選舉的有三個選舉團，工會等附屬團體有40%的表決權，選區工黨30%，議會工黨佔30%，只有議會黨是個人投票，其餘均為集體投票。

10 「工團主義」(syndicalism)原是法語，按大英百科的解釋，它「又稱無政府工團主義或革命工團主義，主張工人階級採取直接行動消滅資本主義制度(包括國家)⋯⋯工團主義源於法國工人階級的無政府主義和反議會主義傳統」(中文版，16卷，377頁)。英國一般用「工聯主義」(trade unionism)。

在勞動和閒暇中共享的經歷；這些經歷和闡述他們是一個單獨的階級的道理同樣重要。工人們並不感到自己和有產階級完全疏離，但他們確實覺得自己是不同的階級。這一感覺因自由黨未能選擇工人作為候選人而變得強烈起來：無論自由黨和工黨在政策問題上有多少一致的看法，自由黨聯盟的中產階級成員——在選區選民中有決定性影響的人——是不會讓他們認為應該從僕人出入的門走進他們居所的人當候選人的。

第二十四章
「你那英國的夏季已經結束」

　　如前所說，愛德華時代面目一新的自由主義面對着許多困難。在20世紀兩屆屬行改革的政府[1]中第一屆政府的任內，新自由主義富有活力和想像力地通過立法克服了這些困難。它成功地遏制了、並在很大程度上化解了財政政策、福利政策、社會主義、軍國主義等方面的危機，當時軍國主義使很多歐陸國家在1914年陷入政治困境（雖說愛爾蘭的危機可能仍未解除）。最後導致自由黨政府在英國終結的，並不是國內的分裂，而是外交事務。

英德對立

　　貝爾福的外交大臣蘭斯多恩勳爵（Lord Lansdowne）及1905至1914年間自由黨政府的外交大臣愛德華・格雷爵士（Sir Edward Grey）一直在努力締約，我們先前已注意到這一締結協約政策的模糊的後果。英國雖未

1　應指20世紀初的兩屆自由黨政府：1905.12–1908年，坎貝爾・班納曼任首相，1908–1916年，阿斯奎斯任首相；阿的後期以及此後1916–1922年勞合・喬治任首相的政府是自由黨和保守黨的聯合政府，這是最後一個由自由黨主導的政府。

明確闡明，但它對於歐洲均勢中的法、俄同盟作出了含蓄的、情感上的承諾。1905年以後英法之間秘密的軍事對話更加強了這種承諾。英國雖然是最強大的帝國主義國家，但是對歐洲大陸的事態卻施加不了甚麼直接的影響。霍爾丹（R. B. Haldane）整編了陸軍，發展了一支打算派遣歐洲的遠征軍。儘管這是一支精銳部隊，但是和歐洲列強通過義務兵役制徵召的龐大軍隊相比，它在規模上微不足道。事實上，德國就完全低估了英軍，結果付出了代價。

隨着「歐洲大國協調」概念的消退和公然宣揚民族主義勢頭的高漲，英國的影響力衰退了。格雷本人雖有強烈的反德傾向，但他仍然延續了避免正式結盟的政策。然而，到了1910年，事情已經很清楚，假如英國會有一個敵國的話，那就一定是德國。在北非、巴爾幹半島諸國和土耳其發生的一系列事件中，在海軍建設計劃持續升級的情況下（儘管英國曾努力商談一個限制軍備的協定，尤其在1911–1912年），英德之間確立了敵對關係。那不僅是外交和軍事的對立，而且還呈現出文化上的敵視。英國本來對德國在19世紀90年代取得的成就既懷有敬意又不無憂慮，現在這種情緒則變成了驚慌和恐懼。

戰爭爆發

1914年六七月間，巴爾幹半島和歐洲中部的事態

迅速導致戰爭，德國估計自己稱霸的時刻已經到來，然而此時英國卻發揮不了影響。相對其他歐洲列強而言，英國可能是除俄國以外從戰爭中得不到多少好處的另一個國家。假如德國沒有入侵比利時，自由黨內閣是否會參戰是值得懷疑的。但是德國既無視英國一向關注低地國家戰略重要性的傳統，也無視1870年德國和英國都簽字同意的、在普法戰爭期間保證比利時獨立的真正含義。[2] 德國進軍比利時，使事態有了決斷，阿斯奎斯帶領內閣宣佈參戰，只有約翰‧莫利（John Morley）和約翰‧伯恩斯（John Burns）兩位閣員辭職。阿斯奎斯心情沉重，那種充滿激情地奔向國旗、去參加「聖誕節前就會打完」的戰爭的好心情在英國的政治領袖那裏是感覺不到的。

英國對在歐洲大陸打仗的心理準備很不充分，從整體上說，物質準備也很不夠。甚至就在克里米亞戰爭和南非戰爭中，陸地戰被當作由職業軍人和一些志

2　比利時夾在德、荷、法之間，地勢平坦，對岸就是英國東南沿海地區，所以對於英國本土防衛有極其重要的戰略意義。讓比利時成為獨立的中立國家對英國最有利。英國經過很大的努力，於1839年使五個國家(英、法、俄、普、奧)簽訂國際條約，保證比利時成為獨立的、永遠中立的國家。1870年的普法戰爭爆發，剛崛起的德國比較痛快地同意了英國的意見，重申保證比利時的獨立和中立；條約中，英國曾寫入一條規定：交戰國任何一方破壞比利時中立，英國將和另一方合作，協同保衛比利時。19世紀90年代後，五國之間除了英國，已經形成兩個對立的軍事同盟：法俄同盟和德奧同盟，英國可能維持中立，但比利時問題是關鍵。亦見第九章「撤出歐洲」一節及相關註釋。

願兵來完成的不甚重要的事情。軍人價值觀在貴族士紳中很有影響力，而且對公學的影響也日益加深，但是在其他地方就不那麼被當回事了。有些團體企圖將社會軍事化，但從19世紀初有人想搞的國民軍法，到1859年的來福槍志願者，再到20世紀初的國家軍人聯合會，顯然都失敗了。「特拉法爾加日」是每年的軍事慶典日，反映出英國公眾熱衷於海戰和防衛戰的慣性思維，也就是所謂的「藍海政策」。除了一些鄉村地區外，對普通人來說，「去當壯丁」，「拿入伍先令」，都是在失業或遭遇災禍的情況下不得已的下策。

英國公眾喜歡軍樂隊和鮮亮的軍服，因為這些都是供消遣的娛樂活動，這和它們預示着戰爭即將發生的意思恰好相反。講究盛大場面和注重國內事務是英國的風格。進入愛德華時代，政府簽下的槍支、艦船合同已是價值不菲，而且成為英國東北部經濟的重要組成部分；但總的說來，軍事問題很少讓政府和上流社會煩心。軍事事務已經滲透到每個歐洲大陸國家的政治、社會和經濟秩序的織體之中，但在英國則當然不是這樣。第一個工業國家為世界呈上了令人矚目的自由資本主義民主制度的公眾實驗，其成功的前提是自由貿易和世界和平。1914年8月4日的這個星期二讓實驗戛然而止。

一聲低低的歎息從那一年將收成全部捧出的田頭傳來，

乾草垛立在田頭陰沉沉地對着太陽，

那聲音低吟：「完了啊，來吧，蜜蜂已經飛離了三葉草，

你那英國的夏季已經結束。」

拉迪亞德・吉卜林，《長長的小徑》

推薦閱讀書目

General

G. Best, *Mid-Victorian Britain 1851–1870* (London, 1971), a predominantly social account.

A. Briggs, *The Age of Improvement* (London, 1959), a good political and social survey of the period up to 1867.

C. Cook and B. Keith, *British Historical Facts, 1830–1900* (London, 1975), includes economic as well as election and ministerial data.

R. C. K. Ensor, *England, 1870–1914* (Oxford, 1936, often reprinted), still has material and analysis of value. E. Halévy, England in 1815 (Paris, 1913, London, 1924), an early but still authoritative account.

E. Halévy, *History of the English People in the Nineteenth Century*, vols 5 (*Imperialism and the Rise of Labour, 1895–1905*) and 6 (*The Rule of Democracy, 1905–1914*) (rev. edn London, 1951–2), a classic account, based on contemporary published material, which still holds its own.

J. F. C. Harrison, *Early Victorian England, 1835–1850* (London, 1973), particularly strong on protest and radical movements.

G. S. Kitson Clark, *The Making of Victorian England* (London, 1962), like G. M. Young a high Tory, but unusually sensitive to the nature of middle-class reforming movements.

D. Read, *England 1868–1914* (London, 1979), a competent, detailed survey.

G. M. Young, *Victorian England: The Portrait of an Age* (Oxford, 1936), a key reappraisal, rescuing the nineteenth century from the likes of Lytton Strachey.

J. S. Watson, *The Reign of George III, 1760–1815* (Oxford, 1960).

E. L. Woodward, *The Age of Reform, 1815–70* (Oxford, 1960).

Economic

F. Crouzet, *The Victorian Economy* (London, 1982), a synthesis of recent research by the leading French authority on the British economy.

C. Hadfield, *British Canals* (London, 1950), an introduction to his great series of regional histories.

E. Hobsbawm, *Industry and Empire* (London, 1968), an incisive argument, stressing the socio-economic shift from industry to commerce.

D. Landes, *The Unbound Prometheus. Technological Change, 1750 to the Present* (Cambridge, 1969), the relationship of technology to industry.

P. Mantoux, *The Industrial Revolution of the Eighteenth Century* (1911, London, 1961), pioneer and, despite its age, still perceptive study by a French historian.

P. Mathias, *The First Industrial Nation* (2nd rev. edn London, 1983), a clear and concise account.

R. J. Morris and J. Langton (eds), *Atlas of Industrializing Britain* (London, 1986).

M. Robbins, *The Railway Age* (London, 1962), thematic study of railways and society.

L. T. C. Rolt, *Victorian Engineering* (Harmondsworth, 1970), stress on mechanical engineering.

Society and Culture

The Batsford series, *Victorian and Edwardian Life in photographs* (many vols by city and county) is excellent; an important source.

Lady F. Bell, *At the Works* (London, 1911 edn), vivid and acute analysis of social life in Middlesbrough.

A. Briggs, *Victorian Cities* (London, 1963), and Victorian People (2nd edn London, 1965), stimulating essays.

O. Chadwick, *The Victorian Church*, 2 vols (3rd edn London, 1971), a powerful survey, rather favourable to Anglicanism.

H. J. Dyos and M. Wolff (eds), *The Victorian City*, 2 vols (London, 1973), splendidly comprehensive illustrations.

C. Emsley, *British Society and the French Wars, 1793–1815* (London, 1979), draws on much untapped archive material.

J. Foster, *The Class Struggle in the Industrial Revolution* (London, 1974), well-researched Marxist interpretation of industry and politics in South Shields, Northampton, and Oldham.

V. A. C. Gatrell, B. Lenman, and G. Parker, *Crime and the Law: The Social History of Crime in Western Europe since 1500* (London, 1980).

J. F. C. Harrison, *Robert Owen and the Owenites* (London, 1969).

F. D. Klingender, *Art and the Industrial Revolution* (London, 1972), Marxist interpretation of art and industry, from optimism to doubt, c.1750–1850.

G. Mingay (ed.), *The Victorian Countryside*, 2 vols (London, 1981), the complementary work to Dyos and Wolff.

H. Perkin, *The Origins of Modern English Society, 1780–1881* (London, 1969).

R. Porter, *English Society in the 18th Century* (Harmondsworth, 1982).

D. Read, *The English Provinces* (London, 1964), social background to industrial revolution and Anti-Corn Law League.

R. Roberts, *The Classic Slum* (London, 1971), childhood in Salford.

B. Simon, *Studies in the History of Education, 1790–1870* (London, 1960), strong on nonconformity and educational innovation.

L. Stone, *The Family, Sex and Marriage, 1500–1800* (London, 1977), changes in family organization, mores, and emotions.

L. and J. C. F. Stone, *An Open Elite? England 1540–1880* (Oxford, 1984).

E. P. Thompson, *The Making of the English Working Class* (London, 1963), a controversial masterpiece.

E. P. Thompson, *Whigs and Hunters* (London, 1975), law and society in the eighteenth century.

F. Thompson, *Lark Rise to Candleford* (Oxford, 1945, often reprinted), the Oxfordshire countryside in decline.

W. R. Ward, *Religious Society in England, 1790–1950* (London, 1972), deals with the complex beliefs and geographies of religion, particularly dissent.

R. Williams, *Culture and Society, 1780–1950* (London, 1958), study of the social critical condition: Burke, Cobbett, Carlyle, Ruskin.

Politics and Government

R. Blake, *Disraeli* (London, 1966), the standard life.

R. Blake, *The Conservative Party from Peel to Thatcher* (new edn London, 1982), the party's fall and rise.

A. Briggs (ed.), *William Morris. Selected Writings and Designs* (London, 1962), gives a useful introduction to the arts and crafts movement.

A. Briggs (ed.), *Chartist Studies* (London, 1974), emphasizes geographical diversity of movement.

M. Brock, *The Great Reform Bill* (London, 1973), the 1832 Reform Act.

H. A. Clegg, A. Fox, and A. F. Thompson, *A History of British Trade Unions Since 1889, vol. i, 1889–1910* (Oxford, 1964), indispensable account of the complexities of politics and industrial relations.

A. V. Dicey, *The Relation between Law and Public Opinion in England in the Nineteenth Century* (London, 1906), lucid, influential but simplistic approach.

S. E. Finer, *Edwin Chadwick* (London, 1952), study of the great Benthamite reformer.

J. Harris, *Unemployment and Politics. A Study in English Social Policy 1886–1914* (Oxford, 1972; paperback 1984), a powerful critique of the early years of the welfare state.

E. J. Hobsbawm and G. Rue, *Captain Swing* (London, 1968), the labourers' revolts of 1831.

N. McCord, *The Anti-Corn-Law League* (London, 1975).

O. MacDonagh, *A Pattern of Government Growth* (London, 1961), a study of passenger ship regulation as an example of administrative development.

R. McKibbin, *The Evolution of the Labour Party, 1910–1924* (Oxford, 1974, paperback 1983), the standard work on the party's early years.

H. C. G. Matthew, *Gladstone, 1809–1874* (Oxford, 1986).

K. O. Morgan, *The Age of Lloyd George* (3rd edn London, 1978), the best introduction to Liberalism after Gladstone.

H. Pelling, *Popular Politics and Society in Late Victorian Britain* (London, 1968), a volume of challenging reinterpretations.

M. Pugh, *The Making of Modern British Politics 1867–1939* (London, 1982), an intelligent synthesis of recent research.

J. Ridley, *Palmerston* (London, 1970).

A. Rosen, *Rise Up Women!* (London, 1974), places the suffragette movement in a searching light, with unflattering consequences.

P. Smith, *Disraelian Conservatism and Social Reform* (London, 1967), sets Conservative social policy in context.

D. Thompson, *The Chartists* (Aldershot, 1986).

J. Vincent, *The Formation of the Liberal Party, 1857–1868* (London, 1966), a brilliant if sometimes excessively paradoxical analysis.

B. and S. Webb, *The History of Local English Government* (London, 1908–29).

Scotland, Ireland, and Wales

E. D. Evans, *A History of Wales, 1600–1815* (Cardiff, 1976).

C. Harvie, *Scotland and Nationalism* (London, 1977), lively and original.

F. S. L. Lyons, *Ireland since the Famine* (London, 1971), authoritative, from an Anglo-Irish viewpoint.

K. O. Morgan, *Rebirth of a Nation: Wales 1880–1980* (Oxford and Cardiff, 1981), a sympathetic account from a moderately nationalist perspective.

G. O'Tuathaigh, *Ireland before the Famine, 1798–1848* (Dublin, 1972).

T. C. Smout, *A History of the Scottish People* (London, 1969).

T. C. Smout, *A Century of the Scottish People, 1830–1950* (London, 1986).

Imperialism

D. K. Fieldhouse, *The Colonial Empires* (London, 1966), an excellent survey.

P. Kennedy, *The Realities behind Diplomacy* (London, 1981), offers a useful survey of the relationship of diplomacy to power.

R. Robinson and J. Gallagher, *Africa and the Victorians* (London, 1961), a bold thesis, arguing the superiority of strategic over economic motivation.

A. J. P. Taylor, *The Struggle for Mastery in Europe, 1848–1918* (Oxford, 1954, often reprinted), a powerful analysis of the consequences of Germany's bid for power.

A. J. P. Taylor, *The Troublemakers* (London, 1956, reprinted 1969), a heartfelt account of a tradition which failed.

A. P. Thornton, *The Imperial Idea and its Enemies* (London, 1959), an elegant and witty account of the imperial debate.

大事年表

1789	法國革命
1790	埃德蒙·伯克的《法國革命隨想錄》發表
1791–1792	托馬斯·潘恩的《人的權利》發表
1792	煤氣用於照明;瑪麗·沃斯通克拉夫特的《婦女權利辯》發表
1793	英法開戰;自願捐助的農業委員會成立;商業蕭條
1795	「斯品漢姆蘭」戶外救濟制度開始採用,彌補工資以達到基本生活所需
1796	首例接種牛痘,預防天花
1798	托·羅·馬爾薩斯的《人口論》發表;對收入超過200英鎊的人開徵10%的所得稅
1799	工會遭到壓制;拿破崙任法國第一執政官
1799–1801	商業繁榮
1801	同愛爾蘭合併;英國第一次人口普查
1802	同法國訂立和約;羅伯特·皮爾的第一部工廠法
1803	對法戰爭;通用圈地法簡化了公地的圈地程序
1805	特拉法爾加海戰:納爾遜大敗法國－西班牙聯合艦隊
1809–1810	商業繁榮
1811	封鎖拿破崙的樞密令造成蕭條;諾丁漢郡和約克郡的「勒德」派動亂;威爾士親王喬治成為攝政王
1813	東印度公司失去貿易壟斷權
1815	滑鐵盧之戰擊潰拿破崙;歐洲和平:維也納會議;通過穀物法,規定小麥每夸特80先令為進口基準價
1815–1817	商業繁榮
1817	物價下跌;織毯工反饑餓遊行和其他騷動
1819	彼得盧慘案:騎兵隊干涉群眾改革集會,死11人傷400人
1820	喬治三世逝世;喬治四世登基
1821–1823	愛爾蘭的饑荒
1824	商業繁榮

1825	工會組織合法化；斯托克頓－達靈頓火車開通；商業蕭條
1829	天主教解禁法，終止了對天主教徒公民權、擁有財產權和擔任公職權等方面絕大部分的否認和限制
1830	喬治四世逝世；威廉四世登基；利物浦至曼徹斯特鐵路開通
1830–1832	第一次霍亂爆發；以格雷伯爵為首的輝格黨執政
1831	鄉村地區反對農業機械化的「斯溫」船長動亂
1832	議會選舉法修正案使這個時期的政治改革達到高潮，擴大了選舉權，調整了議會代表結構
1833	工廠法限制童工；英國國教內發起牛津運動；英帝國廢除蓄奴制
1834	濟貧法修正案設立教區間聯合濟貧院；羅伯特·歐文創建全國大統一工會；政府反對工會「非法盟誓」的行動導致全國大統一工會運動失敗和6名「托爾普德爾蒙難者」被流放
1835	市政改革法將地方政府選舉擴大到所有納稅人
1835–1836	商業繁榮；「小」鐵路熱
1837	威廉四世逝世；維多利亞女王登基
1838	反穀物法聯盟成立；《人民憲章》起草
1839	憲章動亂
1840	便士郵政設立
1841	托利黨執政；皮爾內閣
1843	蘇格蘭教會分裂；香港被租借
1844	銀行特許狀法；羅奇代爾合作社成立；皇家城鎮衛生委員會
1844–1845	鐵路熱：大規模投機投資鋪設了5,000英里鐵軌；愛爾蘭土豆重災，饑饉開始
1845	愛爾蘭饑饉
1846	愛爾蘭饑饉；取締穀物法；輝格黨執政
1847	威爾士教育報告
1848	愛爾蘭饑饉；青年愛爾蘭組織起義；歐洲各國革命；霍亂流行；公共衛生法
1851	大博覽會；天主教聖統制在英國恢復

1852	德比伯爵第一屆保守黨少數政府
1852–1855	阿伯丁伯爵的聯合政府；牛津大學和劍橋大學改革
1853	威廉·格萊斯頓的第一個預算報告
1854	諾斯科特－特里維廉設立文官制度的報告
1854–1856	克里米亞戰爭，保衛歐洲在中東的利益不受俄國侵犯
1855	帕默斯頓子爵的第一屆政府
1857–1858	第二次鴉片戰爭為歐洲貿易打開了中國的門戶；印度兵變
1858–1859	德比的第二屆保守黨少數政府
1858	印度法
1859	查爾斯·達爾文的《物種起源》發表
1859–1865	帕默斯頓的第二屆自由黨政府
1860	英法「科布登」條約及格萊斯頓的預算報告確立並擴展了自由貿易原則
1861	女王的丈夫艾伯特親王逝世
1862	股份有限公司法為以股份形式融資提供了強大動力
1865	帕默斯頓逝世(10月)
1865–1866	羅素伯爵的第二屆自由黨政府
1866	霍亂爆發；羅素－格萊斯頓的溫和改革議案失敗
1866–1868	德比的第三屆保守黨少數政府
1867	德比－迪斯累里選舉法修正案；加拿大自治領法
1868	本傑明·迪斯累里繼德比任首相(2月)；職工大會(或工會聯盟)組建
1868–1874	格萊斯頓第一屆自由黨政府
1869	蘇伊士運河開鑿；愛爾蘭教會撤銷國教地位
1870	愛爾蘭土地法；福斯特－裡彭的英國初等教育法；已婚婦女財產法擴大了婦女在婚姻內的權利
1871	廢除大學任職的宗教考查
1872	蘇格蘭教育法
1873	格萊斯頓政府在愛爾蘭大學法提案失敗後辭職；迪斯累里拒絕就職；歐洲經濟衰退
1874–1880	迪斯累里第二屆保守黨政府
1875	迪斯累里購買蘇伊士運河股份，英國獲得支配性債權；農業不景氣加劇；勞資爭議法，規定罷工設置糾察線合法

1875-1876	理·阿·克羅斯的保守黨社會改革議案通過
1876	維多利亞宣稱為印度女皇；土屬保加利亞屠殺基督徒事件在英國激起格萊斯頓領導的反土耳其運動
1877	英國與布爾國在南非成立聯邦
1878	柏林會議；迪斯累里宣佈「榮耀的和平」
1879	工商業不景氣；祖魯戰爭：英國在伊桑德爾瓦納戰敗，在烏隆迪獲勝
1879-1880	格萊斯頓的中洛錫安競選活動斥責在阿富汗和南非的帝國主義
1880-1885	格萊斯頓第二屆自由黨政府
1880-1881	第一次英國－布爾戰爭
1881	愛爾蘭土地法和鎮壓法
1882	英國佔領埃及；德、奧、意三國締結軍事同盟
1884-1885	選舉改革法和重分選區法
1885	查爾斯·戈登死於喀土穆；兼併緬甸；索爾茲伯里第一屆保守黨(少數)政府；柏林會議瓜分非洲；蘇格蘭土地法
1886	皇家尼日爾公司獲得特許狀；德蘭士瓦發現金礦；格萊斯頓第三屆自由黨政府提出第一個愛爾蘭自治議案；自由黨分裂
1886-1892	索爾茲伯里的第二屆(保守黨－自由黨統一主義)政府
1887	英國東非公司獲得特許狀
1888	地方議會法確立代議制地方權力機構；蘇格蘭勞工黨成立
1889	倫敦碼頭工人罷工；英國南非公司獲得皇家特許狀
1890-1891	巴涅爾使愛爾蘭民族主義黨分裂
1892-1894	格萊斯頓的第四屆自由黨(少數)政府
1893	第二個愛爾蘭自治議案遭貴族院否決；獨立勞工黨成立
1894-1895	羅斯伯里伯爵的自由黨(少數)政府
1895-1902	索爾茲伯里侯爵的第三屆統一黨內閣
1896-1898	蘇丹被征服
1898	德國海軍開始大發展
1898-1902	第二次英國－布爾戰爭
1899	(8月)英國在南非連連失利

1900	索爾茲伯里贏得「卡其大選」；勞工代表
1901	委員會成立；澳大利亞聯邦法維多利亞女王逝世；愛德華七世登基
1902	阿瑟·貝爾福的教育法；英國同日本結盟
1902–1905	貝爾福的統一黨政府
1903	約瑟夫·張伯倫的關稅改革運動開始
1904	英法締結協約
1905–1908	坎貝爾－班納曼的自由黨政府
1906	自由黨贏得大選(1月)；工黨成立；英國
1907	皇家海軍無畏級戰艦服役英俄締結協約
1908–1915	赫伯特·阿斯奎斯的自由黨政府
1908	阿斯奎斯的養老金計劃提案
1909	溫斯頓·丘吉爾的勞工介紹所提案；戴維·勞合·喬治的預算案遭貴族院否決；南非法
1910	(1月)大選：自由黨政府繼續執政(5月)愛德華七世逝世；喬治五世登基(12月)大選：自由黨政府再次保持執政權
1911	議會法削減了貴族院的權力，確立每五年進行一次大選的制度；勞合·喬治的國民保險法；摩洛哥危機
1911–1912	鐵路、採礦、煤礦罷工
1912	英國和德國有關限制海軍的商談失敗；泰坦尼克號沉沒
1912–1914	第三個(愛爾蘭)自治法和撤銷威爾士教會國教地位法獲得通過，但因戰爭延期實行
1914	(6月28日)斐迪南大公在薩拉熱窩遇刺 (8月4日)英帝國參加第一次世界大戰

歷任首相名錄 1789–1914

(William Pitt	（威廉·皮特	1783年12月）
Henry Addington	亨利·埃丁頓	1801年3月
William Pitt	威廉·皮特	1804年5月
William Wyndham Grenville	威廉·溫德姆·格倫維爾	1806年2月
Duke of Portland	波特蘭公爵	1807年3月
Spencer Perceval	斯潘塞·珀西瓦爾	1809年10月
Earl of Liverpool	利物浦伯爵	1812年6月
George Canning	喬治·坎寧	1827年4月
Viscount Goderich	戈德里奇子爵	1827年8月
Duke of Wellington	威靈頓公爵	1828年1月
Earl Grey	格雷伯爵	1830年11月
Viscount Melbourne	墨爾本子爵	1834年7月
Duke of Wellington	威靈頓公爵	1834年11月
Sir Robert Peel	羅伯特·皮爾爵士	1834年12月
Viscount Melbourne	墨爾本子爵	1835年4月
Sir Robert Peel	羅伯特·皮爾爵士	1841年8月
Lord John Russell	約翰·羅素勳爵	1846年6月
Earl of Derby	德比伯爵	1852年2月
Earl of Aberdeen	阿伯丁伯爵	1852年12月
Viscount Palmerston	帕默斯頓子爵	1855年2月
Earl of Derby	德比伯爵	1858年2月
Viscount Palmerston	帕默斯頓子爵	1859年6月
Earl Russell	羅素伯爵	1865年10月

Earl of Derby	德比伯爵	1866年6月
Benjamin Disraeli	本傑明‧迪斯累里	1868年2月
William Ewart Gladstone	威廉‧尤厄特‧格萊斯頓	1868年12月
Benjamin Disraeli	本傑明‧迪斯累里	1874年2月
William Ewart Gladstone	威廉‧尤厄特‧格萊斯頓	1880年4月
Marquess of Salisbury	索爾茲伯里侯爵	1885年6月
William Ewart Gladstone	威廉‧尤厄特‧格萊斯頓	1886年2月
Marquess of Salisbury	索爾茲伯里侯爵	1886年7月
William Ewart Gladstone	威廉‧尤厄特‧格萊斯頓	1892年8月
Earl of Rosebery	羅斯伯里伯爵	1894年3月
Marquess of Salisbury	索爾茲伯里侯爵	1895年6月
Arthur James Balfour	阿瑟‧詹姆斯‧貝爾福	1902年7月
Sir Henry Campbell-Bannerman	亨利‧坎貝爾–班納曼爵士	1905年12月
Herbert Henry Asquith	赫伯特‧亨利‧阿斯奎斯	1908年4月

譯後記

　　譯本中全部註釋為譯者添加。註釋參考了各類普通詞典，專門詞典(其中特別是《英國傳統插圖詞典》)，中英文版百科，已出版的中英文圖書和地圖冊，電子詞典， 電子數據庫，並大量依靠電子搜索引擎鎖定所需要的背景資料。譯文中的譯名儘量採用國內的通譯。註釋中確切使用他人作品中文字的部分會給出處，但為簡潔起見，大多數註釋不一一寫明出處，只在下面按詞典百科類、圖書類和電子類列出曾參考的出版物或電子資源。譯本中的引文若採用他人譯文均注明了出處，未注明的為譯者自己根據原文譯出。另需説明的是，絕大多數註釋都是至少參考兩三種材料後寫出，材料中不乏矛盾的提法，判斷由譯者作出(如第一章圖2中的「比德邁」的意思)，理解不當和錯誤均由譯者負責。

　　最後，譯者對北京大學圖書館電子數據庫提供的方便，對於劉鋒、丁宏為、韓加明、陸建德和盛寧等老師為譯文提供的幫助表示由衷的感謝。

詞典百科類

《英漢大詞典》(縮印本)，上海譯文出版社，1993年。
《英漢大詞典》第二版，上海譯文出版社，2007年。

《英語姓名譯名手冊》，商務印書館，1989年。

《現代漢語詞典》，第5版，商務印書館，2005年。

《牛津高階英漢雙解詞典》，牛津大學出版社(中國)，第6版，2004年。

《英語發音詞典》(*English Pronouncing Dictionary*, Daniel Jones)(英文)，第15版，上海外語教育出版社，1999年。

《朗文當代高級英語辭典》(英英‧英漢雙解)，商務印書館，1998年。

《牛津英國文學詞典》(英文)，外語教學與研究出版社和牛津大學出版社，第6版，2005年。

《牛津美國文學詞典》(英文)，外語教學與研究出版社和牛津大學出版社，第6版，2005年。

《牛津－杜登英漢圖解詞典》(雙解)，化學工業出版社，1984年。

《大不列顛百科全書》，國際中文版，總20卷，中國大百科全書出版社，1999年。(註釋內簡稱大英百科)

Brewer's Dictionary of Phrase and Fable, Centenary Edition, 4th corrected impression, 1975.

The Cambridge Illustrated Dictionary of British Heritage, Cambridge UP, Market House Books, 1986.

Merriam Webster's Collegiate Dictionary, 10th ed., 1993.

Webster's Biographical Dictionary , 1st ed., 1943

Webster's New World Dictionary of the American Language , 2nd college ed., 1980.

圖書類

《舊約新約全書》(無出版說明)。

《歐洲文學史》，李賦寧總編，商務印書館，第1卷，1999年；第2卷，2001年。

《牛津簡明英國文學史》(下)，安德魯‧桑德斯著，穀啟楠等譯，人民文學出版社，2001年。

《英國詩選》(註釋本)，王佐良主編，上海譯文出版社，1993年。

《奧瑟羅》，《莎士比亞全集》，朱生豪譯，第9卷，人民文學出版社，1992年。

The Oxford Annotated Bible, Revised Standard Version, Oxford UP, 1962.

Webster's Concise World Atlas, Barnes & Noble, 1997.

M. H. Abrams, gen. ed., *The Norton Anthology of English Literature* I & II, 5th ed. (New York: Norton, 1986). Asa Briggs, *Victorian Cities* (Berkeley: U of California P, 1993).

E. J. Hobsbawm, *Industry and Empire* (London: Penguin, 1990).

H. C. G. Matthew, *Gladstone , 1809–1898* (Oxford: Clarendon Press, 1997).

J. S. Mill, *On Liberty*, ed. Currin V. Shields (Upper Saddle River, NJ: Prentice-Hall, 1956).

William Blake, *The Complete Poems*, ed. Alicia Okstriker (London: Penguin, 1977).

Alfred Tennyson, *Poems of Tennyson, selected, intro. and notes by Jerome H. Buckley* (Boston: Houghton Mifflin, 1958).

Percy Bysshe Shelley, *Selected Poetry*, ed., intro. and notes by Neville Rogers (Oxford: Oxford UP, 1968).

電子數據資料類

《金山詞霸》，2005專業版。

Encyclopedia Britannica Online (《大英百科全書網絡版》)，北大圖書館提供服務。

JSTOR (*Journal Storage, The Scholarly Journal Archive*, 《西文過刊全文庫》)，北大圖書館提供服務。

Google search; 百度搜索等。

韓敏中
2007年9月於藍旗營